TARDE DEMAIS
PARA PEDIR
BOM SENSO

TARDE DEMAIS PARA PEDIR BOM SENSO

A NOVA ERA SEGUNDO JOSELITO MÜLLER

1ª edição

EDITORA RECORD
RIO DE JANEIRO • SÃO PAULO
2019

CIP-BRASIL. CATALOGAÇÃO NA PUBLICAÇÃO
SINDICATO NACIONAL DOS EDITORES DE LIVROS, RJ

M923t

Müller, Joselito
   Tarde demais para pedir bom senso: a nova era segundo Joselito Müller / Joselito Müller. – 1ª ed. – Rio de Janeiro: Record, 2019.

   ISBN 978-85-01-10898-2

   1. Brasil - Política e governo - Humor, sátira, etc. 2. Humorismo brasileiro. 3. Sátira política brasileira. I. Título.

19-59278

CDD: 869.7
CDU: 82-7(81)

Vanessa Mafra Xavier Salgado – Bibliotecária – CRB-7/6644

Copyright © Emanuel de Holanda Grilo, 2019

Todos os direitos reservados. Proibida a reprodução, armazenamento ou transmissão de partes deste livro, através de quaisquer meios, sem prévia autorização por escrito.

Texto revisado segundo o novo Acordo Ortográfico da Língua Portuguesa.

Direitos exclusivos desta edição reservados pela
EDITORA RECORD LTDA.
Rua Argentina, 171 – Rio de Janeiro, RJ – 20921-380 – Tel.: (21) 2585-2000.

Impresso no Brasil

ISBN 978-85-01-10898-2

EDITORA AFILIADA

Seja um leitor preferencial Record.
Cadastre-se em www.record.com.br
e receba informações sobre nossos
lançamentos e nossas promoções.

Atendimento e venda direta ao leitor:
sac@record.com.br

"Ainda ontem suspirava: 'Céus! Somos tantos os condenados cá em baixo! Quanto a mim, faz tanto tempo que pertenço a essa legião!
Conheço-os um por um. Aliás, nos reconhecemos sempre; detestamo-nos.'"

Arthur Rimbaud

Sumário

1. O preâmbulo de Bonoro — 9
2. Os sonhos intranquilos de Carluxo — 21
3. Um ministério para um amigo — 45
4. Os *snipers* brasileiros são os piores do mundo — 49
5. Esperando os demônios — 55
6. O porco da Joice — 59
7. Gustavo, o breve — 67
8. The book is on the table — 73
9. Terceira Guerra Mundial — 83
10. Vélez contra o comunismo — 95
11. "Menino veste azul e menina veste rosa" ou "Vestido de noiva" — 105
12. Um inimigo do povo — 115
13. Tarde demais para pedir bom senso — 123
14. Pode, sim — 131

15.	O inquisidor	139
16.	Tchutchuca	143
17.	Um jantar indigesto	151
18.	O sentido literal	157
19.	O epílogo de Bonoro	161

O preâmbulo de Bonoro

— Não tem a menor possibilidade de eu sair candidato a presidente — exclamou Jair, enquanto mastigava o pão.

— Pensa bem, meu abençoado — disse Malta se levantando. — Se você não lançar essa candidatura vão dizer que você arregou. Isso vai ser quase um suicídio político — sentenciou enquanto enxugava o suor da testa com um lenço de papel.

— Tu tá maluco?! Vou ficar sem mandato por quatro anos só pra não me chamarem de arregão? Vou nada.

— Jair, se você não sai pra presidente dessa vez, capaz de nem se eleger mais pra deputado, porque muita gente vai ficar puta contigo. Muita gente só fala nisso desde as eleições de 2014. De lá pra cá, tua popularidade cresceu, meu irmão. Tanto que os caras daqui a pouco vão ter que incluir teu nome nas pesquisas. Aí fodeu! — redarguiu o senador, que suava em bicas, embora ele e o interlocutor estivessem na varanda da casa.

Jair escutava o amigo com silenciosa impaciência.

Malta, que estava sem paletó, em mangas de camisa, afrouxou a gravata e abanou o rosto suarento com uma folha de jornal que apanhou sobre a mesa.

Prosseguiu, caminhando ligeiramente de um lado para o outro, como se estivesse falando num culto:

— Você vive falando essas coisas, meu consagrado, que soldado na guerra não pode ter medo de morrer, e não sei o que mais. Aí consegue despertar a simpatia de uma legião de brasileiros e quer cagar fino agora? Vai querer levar nome de frouxo?

Nesse momento, foi interrompido por gargalhadas, vindo de dentro de casa. Olhou, não viu ninguém e prosseguiu:

— Então, meu abençoado, agora vai ter que segurar a onda.

Mais uma vez foi interrompido pelas gargalhadas. Olhou para Jair, que permaneceu sério, encarando-o.

— Daqui a quatro anos você volta pra Câmara, Jair. Talvez até pro Senado. — Ouviu, outra vez, as risadas.

— Vamos parar com esse negócio aí! — gritou Jair se voltando para dentro de casa. Virou-se para Malta, que ficou calado, como se esperasse uma explicação:

— É o Carlos com o primo — explicou o anfitrião, tentando disfarçar certo constrangimento.

— É? — perguntou Malta abrindo um botão da camisa.

— É.

Ficaram em silêncio.

Jair pegou um copo na mesa e encheu de café. Após uma breve pausa, inclinou-se para a parte interna da casa e gritou:

— Ô, Michele, traz um copo aí pro Malta.

O senador, que se mantinha de pé até então, puxou uma cadeira e se sentou um pouco distante da mesa, sobre a qual estavam a garrafa térmica e uma sacola com pães, em meio ao farelo, folhas de jornal, óculos e carregador de celular.

— Rapaz, o fato é que muita gente gosta dessas merdas que você fala e agora não dá pra voltar atrás. Você tem que pensar que, se não sair candidato a presidente, muita gente vai se sentir traída. Isso pode comprometer até a carreira dos teus filhos. Então, pensa direitinho nessa possibilidade.

Michele, seguida por uma cachorrinha poodle, veio trazendo um copo americano, que entregou ao visitante, e advertiu o esposo, enquanto retornava para dentro de casa:

— Teu café vai esfriar, amor.

Jair tomou um gole, pegou outro pão na sacola e o abriu com as mãos. Pegou uma caixa de Leite Moça, que fenecia sobre a mesa, e espremeu uma quantidade generosa do conteúdo dentro do pão amarrotado.

Jogou um pedaço do pão para a cachorra, que o devorou imediatamente, voltando a olhar para o homem com olhos de pidona, enquanto balançava o rabinho.

— Pega, Pituka — falou o dono da casa dando mais um pedaço de pão à cachorra e, voltando-se para o outro, retomou o assunto. — Se meu nome for incluído nas pesquisas e eu estiver bem, acho que você tá certo no tocante à candidatura. Se as pessoas acharem que é uma candidatura viável, vai pegar mal se eu fugir da briga. Mas se as pesquisas não mostrarem que eu estou com essa moral toda, aí a história é outra, porque eu vou dizer pro eleitorado que não dá pra arriscar perder uma cadeira na Câmara em troca de uma candidatura sem chance de vitória.

— Do jeito que as coisas vão, acho difícil você não estar bem pontuado nas pesquisas — respondeu Malta alisando, com uma das mãos, a cabeleira encaracolada. — Vê a multidão que te recebe nos aeroportos toda vez que você viaja — pegou um pão, colocou leite condensado e engoliu quase a metade numa única mordida.

— Se não for rolar essa candidatura a presidente, pelo menos, até lá, vou tirar onda, porque o pessoal parece que gosta desse negócio de zoação, *mito* e não sei mais o quê. A Michele disse que às vezes eu falo bobagem demais, mas não sei até que ponto isso é ruim, porque, por exemplo, falando mal do PT, as pessoas que tão putas com a Dilma e com o Lula já me garantem ser o federal mais bem votado do Rio.

— Isso mesmo, Jairzão. Se ser autêntico é falar merda, então falar merda é uma virtude. Foi assim que você chegou onde está, e agora não pode bancar o educado. As pessoas querem o Jair raiz. É graças ao que sai dessa tua boca abençoada que você tá ganhando popularidade, filho de Deus — avaliou Malta em tom apostolar.

— Mas isso não significa ainda que eu esteja em condições de disputar a presidência. É possível que eu seja o federal mais votado na próxima. Isso eu tenho quase certeza.

— Mas você tá pensando pequeno, Bonoro. Você não percebe que, se trabalhar direito, pode até ser que leve essa parada? Eu creio, meu iluminado. Para Cristo, nada é impossível — disse o senador erguendo os olhos e as mãos deliberadamente trêmulas. — Avalia só o seguinte: o que te deu projeção nacional foi aquele bate-boca com aquela louca do PT. Se você, na mesma proporção, vai comprando essas brigas, não tem Ibope no mundo que consiga deter teu crescimento.

— É por isso que eu tiro onda — disse Jair rindo. — Mas é improvável essa questão, no tocante aos votos, porque ninguém se elege sem fazer um bom arco de aliança e sem tempo de TV.

— Mas quando você aparecer bem nas pesquisas, vai aparecer um monte de aliado. Isso aí é coisa que se resolve facilmente. Se tu não levar nessa, na próxima é capaz de levar.

— O foda, Maltão, é ficar quatro anos sem mandato. Daqui pra lá pode ser que eu me apague por completo e nunca mais consiga entrar nem como deputado.

— Porra nenhuma, Bonoro. Imagina o capital político que uma candidatura à presidência pode render. Tu vai voltar nos braços do povo, homem de Deus.

— Se candidatura a presidente servisse pra alguma coisa, o Eymael seria o homem mais importante do país.

— Mas teu caso é diferente, porque você vai entrar na briga pra ganhar.

— Se é assim então, eu tenho uma proposta pra te fazer — falou Jair e fez uma pausa ligeira. — Tu vai ser o vice.

— Mas nem fodendo! — disse Malta de supetão. — Quer dizer... seria uma honra, mas meu mandato acaba agora, Bonorão, e se eu fico sem mandato, meu velho, quem vai cuidar do meu rebanho?

— Mas você não tava dizendo que dá pra ganhar a eleição, seu arrombado?

— Eu disse que pra Deus tudo é possível, meu condecorado, mas não posso arriscar meu pescoço, né? Tu tem teus filhos aí pra manterem teu nome aceso durante tua ausência. Mas e eu? Se eu ficar sem mandato, estou lascado.

— Maltão, tu é muito escroto. Quer que eu me foda sozinho, não é? — Os dois riram.

Pituka, a poodle, latiu pedindo mais pão e Jair jogou uma banda com leite condensado, que caiu virada para baixo, sujando o chão. A cadela pegou o pão e, em seguida, lambeu o assoalho avidamente.

— Vamos fazer assim, então: vamos discutir essa questão da vice daqui a uns meses, beleza? — sugeriu Malta, já convicto de que em hipótese alguma aceitaria a proposta de compor a chapa, pois dava como certa a derrota futura.

Nesse momento, Carlos, provavelmente atraído pelo latido da cachorra, apareceu e, ao vê-la comendo pão, perguntou:

— Pai, o senhor deu isso pra Pituka?

Jair olhou com semblante carrancudo, e o filho, em silêncio, tomou da cachorra o pedaço de pão que ainda restava.

— Carluxo, cadê a Pituka? — gritou o primo de dentro da casa.

Carlos pegou a cachorra e entrou, sem pedir licença.

— Tá bom, Malta. Vamos ver o que acontece nas próximas pesquisas pra saber que passo dar — disse Jair pensativo, entrecortando as sílabas.

— Mas aí é que está: teu nome não vai ser incluído nas pesquisas se você não anunciar a candidatura, meu consignado.

— Porra, independentemente disso. Um cara que é recebido como eu sou nos lugares aonde vou, já era pra estar nas pesquisas. Olha só quantas páginas com meu nome o pessoal faz no Facebook todos os dias. E muito disso nem é o pessoal da minha assessoria que faz.

— Então anuncia logo que é candidato, aí eles não vão poder ignorar.

— Mas se eu não pontuar, Maltão? Aí fica feio dar pra trás depois.

— Aí você está se preocupando à toa. Tá lá, em Mateus: "Os passarinhos não semeiam, nem colhem. Contudo o pai celestial os alimenta."

— Malta, Malta. O que caralho o passarinho tem a ver com isso? É meu futuro em jogo. Se eu disser que sou candidato e não pontuar nas pesquisas, eu vou ter que recuar, e isso pode pegar mal pra mim.

— Eu acho que a partir de agora você tem que fazer três coisas: trabalhar para aumentar tua popularidade e falar de temas que tenham mais a ver com um presidenciável.

— E a terceira?

— Terceira o quê?

— A terceira coisa.

— Ah, diz logo que é candidato.

— É?

— É. Aí você vai fazendo essas outras coisas que disse. Tipo, você é sempre recebido por muita gente nos aeroportos. Então começa a ir pro aeroporto todo dia. Mesmo quando não for viajar, só pra ser cumprimentado pelas pessoas. Nas entrevistas você deve começar a falar coisas do tipo, sei lá, riquezas minerais do país, economia, dizer que vai gerar não sei quantos milhões de empregos. Deixa eu olhar aqui no Google — disse Malta pegando o celular. — Aqui, ó — falou mostrando a tela — aqui nesse site fala que o Brasil tem muita riqueza no solo, mas que as ONGs estrangeiras querem entregar tudo de mão beijada pros comunistas.

— Pros comunistas?

— É.

— Pro Jandirão e pra menina lá, a Manuela?

— Mais ou menos isso, vê aí.

— Deixa eu ver — disse Jair pegando o celular.

— Tem que falar de temas relevantes, sabe? Tem que parar com esse negócio de kit gay. Se for falar dessas coisas, tem que dar um caráter de interesse nacional pra elas. Tipo, dizer que estão querendo legalizar a zoofilia e que só você pode impedir. Mas tem que falar também de economia, renda, essas coisas aí que o eleitorado gosta. Lê aí, que vou ali dar uma mijada e já volto — disse Malta, que, na verdade, pretendia cagar.

*

Entrou no lavabo e, assim que arriou as calças e sentou, ejetou o tolete primogênito, que caiu, qual projétil na água do vaso, fazendo com que uma gota certeira e gelada subisse na direção oposta, acertando, no alvo, o lugar exato de onde acabara de sair.

Soltou um aliviado suspiro.

Mal havia começado a cagada, ouviu a cachorrinha parar do lado de fora e começar a latir como se quisesse espreitar por debaixo da porta.

Na sequência, passos de alguém que se aproximava provavelmente para apanhar o animal.

Reconheceu a voz de Carlos dizendo "fedor do cacete" e tentou fazer silêncio, ao mesmo tempo em que se contraía, numa tragicômica tentativa de apressar a inglória tarefa fisiológica que executava, pois, se demorasse demais, o anfitrião perceberia que ele não havia ido só mijar.

Já estava quase terminando, lançando no vaso aqueles que acreditava serem os derradeiros pedaços de bosta, quando soltou, sem querer, uma estrondosa e entrecortada flatulência, que lembrava o som do motor de uma mobilete sendo acelerada, e torceu para que ninguém estivesse perto da porta naquele momento, pois certamente teria ouvido o som que seu inusitado peido produziu.

Por sorte, o primo de Carlos gritou, de algum outro lugar da casa, "Carluxo, vamos nos atrasar para o CrossFit", e Malta, ao saber que ele se afastava, se sentiu mais à vontade para terminar o serviço.

*

Retornou, todo suado, para a varanda, e Jair, que ainda lia no celular, falou com certa empolgação:

— Você tem razão. Vou falar mais desses assuntos aí e evitar falar sobre esse negócio de veadagem, porque já me encheu o saco esse assunto. — Fez uma pausa e prosseguiu: — Vou anunciar minha pré-candidatura ainda hoje, Maltão — disse entregando o celular. — Tá comigo na vice?

— É importante falar desses assuntos, mas você não pode se afastar por completo desses temas que ajudaram você a se projetar.

— Verdade.

— Hoje em dia, até quem cria bem os filhos, corre o risco do desgosto de vê-los desmunhecando.

— É. Até parece que é algo planejado.

— Faz parte do plano dos comunistas, Jair.

— Me tira uma dúvida, Malta. Nunca tive coragem de perguntar isso a ninguém: Marx era veado?

Malta riu.

— Acho que não. Por quê?

— Porque se ele não era, mas queria que os outros fossem, talvez fosse porque queria que sobrasse mais mulher pra ele — falou Jair em tom de troça.

— Nunca li nenhum livro dele, mas vi no YouTube que os seguidores dele incentivam essas paradas aí.

— Então é por isso que a gente vai colocar freio nesses canalhas. Tá comigo na vice ou não tá?

— Estou contigo pro que der e vier, meu regenerado. Mas é melhor não fechar essa questão da vice agora, pra não afastar possíveis interessados — disse Malta enxugando a testa com a gravata.

Sua relutância em aceitar compor a chapa se dava por acreditar ser certa sua reeleição ao senado, mas improvável, ou antes, quase impossível, a eleição do amigo para a presidência.

Meses mais tarde, quando seu prognóstico se revelou errado, ele, derrotado nas urnas, amargamente arrependido por não ter aceitado o convite do amigo, que "havia encontrado seu Austerlitz, onde ele — Malta — encontrou seu Waterloo", desabafou com Carlos:

— Naquele dia que fui na casa do teu pai e você estava lá, lembra? Naquele dia, fiz uma das maiores cagadas da minha vida.

— Tô ligado — respondeu Carlos tentando não sorrir.

— Era pra eu ter aceitado ser o vice na chapa dele. Que cagada, meu Deus.

— Ah, pode crer. Pensei que você estava falando de outra coisa.

Os sonhos intranquilos de Carluxo

Carlos pensou em se levantar, incomodado com a claridade, mas estava vencido pelo sono.

Ficou na fronteira do sonho, consciente do que acontecia ao redor — ao menos acreditou que assim estivesse —, mas era incapaz de se mover, como se estivesse tetraplégico.

Moveu um dedo da mão, o indicador, temendo não conseguir, mas certificou-se de que estava ainda vivo e tranquilizou--se ao constatar o óbvio.

Não podia dormir a tarde toda, pois havia trabalho da campanha de seu pai a ser feito e, esperançoso de retomar as forças em breve, programou-se para levantar em poucos minutos.

Foi aí que se deu conta, ou imaginou (o que é mais provável) que, do lado de fora, uma mulher o observava pela janela.

Era uma mulher morena, de negros cabelos curtos, com uma franja cobrindo a testa, nem alta, nem baixa, nem magra, nem gorda, com um marcante olhar de desapontamento e um gesto nos lábios como se sempre estivesse na iminência de proferir uma lição de moral.

Ela vestia uma blusa listrada, preta e branca, abraçava uma pasta de documentos e parecia balançar, quase que imperceptivelmente, a cabeça de modo negativo.

"Vera?", pensou Carlos.

"Será um dossiê?", indagou a si próprio se referindo à pasta que a mulher trazia.

A agonia de estar sendo observado lhe deu disposição para levantar, mas continuou de olhos fechados, fingindo que dormia, afinal, o que a mulher faria se o visse acordado?

Não queria ser abordado ali, daquele jeito, de cuecas, com a cara amarrotada de sono, em plena tarde de um dia útil.

"Eles vão usar isso para me atacar", pensou revoltado.

Preparou-se, uma vez vencido definitivamente o sono, para fechar de vez a cortina.

Alguém havia deixado aberta e, se não fosse isso, poderia ter se levantado normalmente.

Abriu um pouquinho um dos olhos e, felizmente, não havia mais ninguém no quarto.

Semelhante a uma cobra que desliza em busca da presa, projetou-se da cama para o chão, como se sua cabeça fosse a ponta de um míssil, ficando encoberto pela parte da parede abaixo da janela.

"Se ela estiver olhando, só vai conseguir ver meus pés."

Puxou a beirinha da cortina, e ela toda deslizou suavemente pelo trilho da parte de cima, fechando-se.

Respirou.

Levantou-se e, sem averiguar se, de fato, havia uma mulher a espreitá-lo do lado de fora, foi ao banheiro.

Pela janela que dava para a lateral da casa, de dentro do banheiro, teve a impressão de ter visto, refletido no vidro, o vulto da mulher.

Mas como? Era impossível ela ter feito a volta tão ligeiro.

Carlos ficou na ponta dos pés, mas não conseguiu alcançar a janela.

Foi aí que ouviu, do lado de fora, uma voz que não conseguiu distinguir se era a de um dos seus irmãos ou a de seu pai, acompanhada de outras tantas vozes.

"Tem alguém com ele aí?", pensou ter escutado.

Tomando cuidado para ser o mais silencioso possível, trancou a porta e ficou escorado nela, tentando acalmar a respiração e diminuir o som de seu coração que trovejava no peito.

— Abre aqui! — gritou do lado de fora o homem, que ele finalmente identificou como sendo seu irmão.

Ficou calado, na esperança de que ele fosse embora, quando notou o murmúrio das outras vozes.

— Carlos, abre aqui — repetiu o irmão com impaciência.

Continuou em silêncio.

— Carlos — repetiu o irmão, batendo com força na porta.

— O que foi, Eduardo? — disse afinal.

— Abre aqui, porra — ordenou o irmão batendo mais forte.

— O que você quer? — questionou preocupado.

Procurou o telefone, para ver se havia recebido alguma mensagem que revelasse o motivo da visita do irmão, mas não tinha levado o aparelho para o banheiro.

— Carluxo, é sério. Abre a porta — disse outra voz que reconheceu como sendo a de seu primo.

— Leo?

— Abre a porta — clamou o primo.

— Está tudo bem, Leo?

— Abre a porta, Carluxo, por favor — repetiu o primo, e Carlos finalmente obedeceu, mas só a abriu parcialmente.

— Vocês viram uma mulher lá fora? — perguntou Carlos.

Escutou vozes de pessoas que, pelo ângulo em que estava, não conseguia ver, murmurando algo, como uma plateia surpreendida.

Leo olhou para trás, como se esperasse orientação, e alguém sussurrou: "Vai, vai."

— Carlos...

"Vai, conta logo", alguém sussurrou.

— Que mulher, Carlos?

— Ela tava lá fora, brechando.

As vozes se agitaram.

"Vai, Leo, fala logo", disse alguém.

"É, fala, fala logo", repetiram outras vozes.

— Brechando?

— É. Brechando.

— Não vi ninguém — disse Leo.

Carlos passou a mão na cabeça, confuso.

— Era uma jornalista, eu acho.

"Uma jornalista? Era uma jornalista?", perguntaram, em sussurro, alguns que Carlos não conseguia ver.

— Por que tanta gente aqui? — perguntou Carlos.

— Você já tomou seu remédio? — perguntou Leo começando a não conseguir disfarçar certa preocupação.

Eduardo tirou o primo da frente da porta e ficou em seu lugar.

Carlos olhava, na penumbra de dentro do banheiro, como um animal assustado, segurando a porta, como que para impedir que alguém entrasse.

Alguém, do lado de fora, gemeu alto, como se tentasse conter soluço de choro.

"Shhhhh", fizeram alguns.

Eduardo abriu a porta, vencendo a resistência do irmão.

Foi aí que Carlos notou que, além de Eduardo e Leo, não havia mais ninguém no quarto.

— O que está acontecendo? — perguntou Carlos.

— Você não ficou sabendo?

— Sabendo do quê?

— Não viu na TV?

— Não.

— Nem no Facebook?

— Não, Eduardo. Eu tava dormindo.

— Dormindo?

— É, dormindo.

— A essa hora da tarde?

— Ontem fiquei até de madrugada trabalhando.

— Olha só, Carlos — disse o irmão. — Vai ficar tudo bem, certo?

— O que houve, caralho?

— Veste uma roupa.

— O que foi?

— Vai se vestir.

— Diz logo o que foi, caralho.

— O papai...

— Que é que tem?

— Vai ficar tudo bem, certo? Se acalma.

— Fala logo.

— O papai.

— O que houve?

— Ele acabou de levar uma facada.

*

Quando Gustavo chegou ao hospital, encontrou três seguranças no meio do corredor.

Eles não estavam obstruindo a passagem e, embora o porte físico de cada um revelasse suas profissões, não se comportavam como se estivessem em serviço.

Choravam copiosamente, colocando em dúvida a informação, ainda há pouco publicada no Twitter por um dos filhos, segundo a qual o ferimento não tinha sido grave.

"Ele vai morrer", publicou um site de notícias, supostamente reproduzindo o que um dos homens teria dito.

Havia alguns militares num canto, serenos, com as faces imperturbáveis. Eles o olharam e cumprimentaram de longe com um seco gesto, voltando-se logo em seguida um para o outro, como se impenetrável fosse aquele grupo.

Do outro lado, com gestos mais determinados, todos falando ao mesmo tempo enquanto lamentavam, estava outra aglomeração de pessoas, entre as quais reconheceu alguns que haviam participado da formulação do plano econômico apresentado à Justiça Eleitoral.

Mais à frente, num ângulo do corredor onde havia menos luz, algumas pessoas rezavam. Identificou como sendo os católicos, pois a ala evangélica estava mais afastada, todos de olhos fechados, de mãos dadas, ouvindo o pastor.

Gustavo não sabia ainda, mas aqueles grupos eram um esboço dos segmentos que comporiam o futuro governo.

Ficou desambientado, sozinho, e decidiu pedir a um de seus assessores que fosse para o local fazer-lhe companhia.

A imprensa fora impedida de entrar, e as câmeras se aglomeravam nos vidros que davam acesso à recepção, como dezenas de olhos a espreitar.

Por meio desses olhos, o país recebia, tenso, as informações que vinham da sala de cirurgias.

Gustavo nada pôde fazer, a não ser esperar notícias sobre o verdadeiro quadro clínico de Jair.

Aguardou por horas, até anoitecer.

Uns saíam, outros chegavam, e Gustavo permaneceu.

Evitou falar com a imprensa nesse ínterim.

Aguardou, recusando-se a pensar, ao menos naquele momento, quais seriam as consequências de um final funesto.

Sabia, no entanto — e esse pensamento lhe ocorreu por uma fração de segundo —, que, caso o pior acontecesse e o vice assumisse a cabeça da chapa, ele — Gustavo — estaria fora da coordenação da campanha.

Sua posição, havia alguns dias, não era a mais cômoda, cabe frisar, pois Carlos havia sugerido ao pai que deveria ser ele, seu filho, o responsável pela coordenação da propaganda nas redes sociais.

Essa tarefa, pensava, caberia a ele próprio, Gustavo, já que ele era o coordenador geral da propaganda. Mas fingiu não se opor ao pleito de Carlos, aguardando manifestação do capitão a respeito.

Não era doido de entrar em queda de braço com o filho do "zero um" e deixou as águas rolarem.

Teve vergonha de si mesmo por pensar nos possíveis desdobramentos políticos que adviriam da morte daquele a quem, até então, considerava seu aliado.

Julgou ser mesquinhez de sua parte, diante de uma tragédia cujo desfecho ainda era imprevisível, se preocupar — ainda que quase involuntariamente — com seu futuro político.

Foi aí que ouviu passos decididos e uma voz que advertia alguém com argumentos, pela distância, ininteligíveis.

— Não pode. Tenha calma, senhor. Infelizmente não é permitido neste momento.

A voz e os passos se aproximaram, e ele viu quando Carlos, com os olhos rubros de pranto, despontava no corredor, sendo contido por uma enfermeira e pelo seu primo Leo.

Gustavo se dirigiu ao rapaz, sem saber se o abraçava ou somente apertava sua mão e lamentava silenciosamente o ocorrido. Mas quando esboçou um gesto, que não permitiu nem ao mais atento espectador adivinhar por qual das duas formas de cumprimento optara, foi ignorado com constrangedor descaso.

— Oi — falou Leo secamente.

Nesse momento, Gustavo teve a impressão de ver o general Santos Cruz sorrir.

Era um sorriso singular, pois só movia dois ou três músculos da face, por isso era quase imperceptível, mas teve quase certeza de que viu o militar sorrir exatamente no instante em que Carlos o ignorou deliberadamente.

Carlos, sem dirigir a palavra a ninguém, parou no limiar de onde ninguém podia ultrapassar e ficou olhando para o ângulo entre a parede e o teto.

Abraçou o próprio corpo, como se vestisse uma camisa de força, e, de rosto contorcido, com os claros olhos arregalados virados para cima e os lábios retesados, como se estivessem entre a reza e a injúria, se balançou de um lado para o outro.

— Olha lá — falou um general para seus pares com discrição.

— O quê? — questionou um outro.

— Parece o Tonho da Lua.

Ali, Carlos faria campana nos dias seguintes.

*

— É um milagre! — espantaram-se alguns ao verem a silhueta de Jair andando pelo quarto, poucos dias depois da facada.

Os médicos haviam dito que a recuperação seria lenta, apesar do quadro estável do paciente.

Algo, no entanto, era meio estranho.

O capitão se recusava a falar com os assessores, e a proibição de visitas, excetuando os filhos e a esposa, continuava.

Jair — isso só foi possível perceber dias mais tarde — só falava quando estava a sós com Carlos, e nenhum familiar, embora fossem unânimes em dizer que o quadro clínico de Jair era "muito bom", entrava em detalhes sobre seu real estado de saúde.

Quando estava só com o filho, usava habitualmente um tom de voz que nem de longe lembrava o de alguém em convalescença, e parecia mais preocupado com os rumos da campanha que com a sua recuperação (pelo menos era isso que se especulava, com base nas fortuitas palavras compreendidas aqui e ali entre as frases).

Anunciou num grupo de WhatsApp, sem discutir com ninguém, que Carlos assumiria a coordenação da comunicação da campanha, esvaziando as funções de Gustavo.

*

"Fiquei sabendo agora, pelo WhatsApp, que perdi minha função na campanha", teria dito Gustavo a um assessor.

Aquela determinação, portanto, de que Carlos assumisse a comunicação da campanha, função que até então era sua, foi como um tiro não de misericórdia, mas de mero sadismo, para Gustavo. Era como o assassino que deliberadamente atinge uma parte não letal da vítima, para que ela sangre até perder a consciência lentamente antes de morrer.

Não deu nem 24 horas da deliberação, os militares, fazendo questão de que Gustavo, na medida do possível, tomasse conhecimento da audiência, se reuniram com Carlos para traçar os planos que a propaganda tomaria a partir de então — algo que nunca fizeram com ele.

Sempre que avistava o general Santos Cruz, tinha a impressão de que ele estava rindo de sua cara. Teve quase certeza, por conta disso, de que os militares incentivaram sua substituição por Carlos.

*

A aparente disposição que Jair demonstrava por trás das cortinas contrastava com a imagem que se via pela porta entreaberta no momento em que alguém saía ou entrava no quarto.

No leito, sempre estava adormecido, monitorado por aparelhos, com expressão cadavérica.

Ninguém entre os visitantes corriqueiros teve coragem de falar, embora hoje seja razoável crer, o que quase todos pensaram: que aquela figura viril e histriônica de quem se via o vulto do lado de dentro não era, na verdade, o capitão.

— Você acha que o Carlos... — reticenciou certa vez Gustavo, diante de uma vaga insinuação de Sinval, seu assessor de confiança.

— O senhor duvida?

— Mas isso parece coisa de maluco.

— Sim, parece, doutor. Coisas malucas acontecem, sabia? Já viu aquele filme *Psicose*? Hoje em dia, com esses assassinatos todos que acontecem no país, o senhor não acha que tem, por aí, gente muito pior que aquele personagem do filme?

— Sim, mas daí a imaginar... Isso é doidice demais. Não faz sentido pensar num negócio desses...

— O senhor viu que o capitão voltou a usar o Twitter com frequência?

— Bom sinal. Bom sinal.

— É?

— Ele vai voltar a dar as diretrizes da campanha — especulou esperançoso Gustavo, que pretendia retomar sua antiga função.

— Mas tem algo diferente, doutor.

— Como assim?

— Olha aqui, ó — disse o assessor mostrando o celular. — Hoje mesmo, ele brigou com um monte de gente. Chamou um cara da *Folha* de vagabundo.

— Ele deve estar meio alterado por causa da medicação.

— Olha aqui, ó. As postagens cheias de erros de português. Um cara que foi das Agulhas Negras não escreve assim, doutor.

— Deixa eu ver — disse Gustavo se inclinando para a tela do celular.

— Tá vendo aí, doutor?

— O que tem de errado aqui?

— Olha direito aí. Não está vendo?

— Onde?

— Aqui, ó: *facelmente*.

— *Facelmente*?

— É, "facilmente", sabe? Ele escreveu *facelmente*.

— Eu sei, eu sei... É, rapaz... *facelmente* é foda, ainda mais numa postagem sobre educação.

— Então?

— Qualquer um pode errar. Tu é o Pasquale, por acaso, Sinval?

— Mas a questão não é essa.

— O que é então?

— O senhor não acha estranho, além disso, ele só falar com um filho?

— Sim.

— E sempre que alguém consegue vê-lo, ele está dormindo?

— Sim.

— O filho passa o dia quase todo aí e o capitão só acorda quando estão apenas os dois.

— Sim, rapaz.

— Essas postagens com erros de português, brigando com Deus e o mundo.

— Deve ser o efeito dos remédios. Esses tarjas pretas deixam o cara meio abestalhado.

— Olha, eu sei que o senhor não vai dizer pra ninguém, então vou dizer o que acho.

— Pois diga.

— O Carlos.

— Certo...

— O Carlos deve ter pego o celular do pai.

— Você acha? Sem autorização dele? Você acha que ele faria um negócio desses?

— O senhor duvida?

— Rapaz...

— Sinceramente, o senhor acha impossível?

— Mas o capitão deve ter deixado.

— Mas se ele não estiver em condições de decidir nada?

— Mas você não viu? Ele se levanta, conversa. Ele não está morto, né?!

— Mas se o filho tiver se passando por ele?

— Como é?

— Se o filho tiver se passando por ele?

— Aí é caso de internação — Gustavo sorriu preocupado.

— O senhor duvida?

— Olha, Sinval, nem tinha como. Você mesmo viu a silhueta. O Carlos é careca, nem dá pra confundir.

— É, tem isso, né?!

— Você está vendo muito filme de conspiração.

— Mas o senhor tem que ser um pouco mais cético, e vai acabar se dando conta de que muita coisa sem sentido acontece nesse mundo. É meio paradoxal ser cético para acreditar no absurdo, mas, vai por mim, o que estou dizendo faz todo sentido.

— Acho que quem tá ficando doido é você.

— O médico vai liberar as visitas hoje mesmo?

— Vai, só não sei a hora.

— Quando o senhor entrar, só por desencargo, dá uma olhada discreta pelo quarto, pra ver se não acha nada suspeito.

— Suspeito como o quê?

— Sei lá. Alguma evidência.

— Agora fodeu mesmo. E você virou detetive, por acaso?

— Faz isso, só por desencargo mesmo. Vai que acha, né?

— Eu acho é que o doido nisso tudo é você, Sinval.

*

Quando as visitas foram autorizadas, o assessor, ao ouvir Gustavo sendo anunciado para entrar no quarto, chamou sua atenção.

— Estou vendo aqui — disse segurando o celular — que neste exato momento Jair tá no meio de uma treta no Twitter.

Gustavo não respondeu, obrigando o assessor a complementar.

— Vê se ele está usando o celular.

Gustavo, se dando conta do raciocínio do assessor, ficou com cara de bunda, por ser flagrado em um ato de burrice evidente.

"O filho da mãe é esperto", pensou, mas não admitiu.

O fato, no entanto — e aqui vai uma controvertida informação inédita na imprensa brasileira até aquele momento —, é que Sinval tinha parcial razão em suas ilações.

Isso seria — segundo algumas versões — confirmado mais tarde.

Gustavo, embora ainda tenha até hoje muitas dúvidas a respeito do caso, confirmou posteriormente que, ao entrar no quarto, graças à observação que Sinval havia feito sobre a discussão no Twitter, notou que Jair segurava o celular com uma das mãos, pousada sobre a cama, como se pretendesse usá-lo, mas sem forças para tanto.

Carlos, por sua vez, guardou, entre as mãos, um aparelho assim que Gustavo entrou.

O filho do capitão se manteve sentado, com ambas as mãos entre os joelhos que se contraíam, inclinado sobre si mesmo quase em forma de "S", de olhos arregalados e boca semiaberta, mirando o pai e o amigo.

— Como vai, meu capitão? Já está pronto para retornar ao *front*? — falou Gustavo com sua voz mansa, em tom que se esforçava debalde para ser descontraído.

— Quase pronto — disse o capitão forçando um sorriso, que se dissipou pela expressão de dor.

— O senhor aparentava estar muito disposto esses dias.

Jair, na falta de reação melhor, forçou, novamente, um sorriso.

— Não vai ficar se levantando, sem o médico recomendar, capitão.

— Não tem nem perigo. Eu ainda não consigo nem sentar.

— Pelo menos não vai precisar sentar pra fazer as necessidades esses dias, né, capitão?! — brincou.

— Pelo menos essa comodidade a bolsa de colostomia me dá.

— O senhor deve ter tido uma recaída por causa do esforço que fez esses dias. Acho que não era pro senhor ficar se levantando. — Jair não tentou sorrir dessa vez, pois achou que a afirmação de Gustavo era uma piada ruim demais para merecer tal esforço.

Carlos, como se tivesse repentinamente adormecido, dobrou o pescoço para frente como se a cabeça pesasse mil quilos. Só não caiu, porque acordou.

Gustavo notou sua face avermelhada, como se estivesse febril, e finalmente lhe dirigiu a palavra:

— Você está bem, Carlos?

— E como pode estar bem aquele que quase acabou de ficar órfão? — respondeu o filho de Jair com voz rouca.

— A gente precisa sentar para ver algumas coisas da campanha no tocante à propaganda — disse Jair se dirigindo a Gustavo.

— É, capitão. O senhor pode decidir aí com o Carlos, que sou soldado nessa guerra e o que decidirem tá decidido.

Jair olhou como se não compreendesse a colocação de Gustavo. Interpretou que aquela fala significava sua renúncia da função de coordenador.

— Beleza, vou ver com o Carlos. — Fez uma expressão de dor.

— É melhor o senhor descansar um pouco, pai — disse Carlos interrompendo a conversa.

— Esse atentado mostra como é necessário endurecer algumas leis, para que esse tipo de crime seja punido mais severamente — disse Gustavo.

— Punido por quem? Por esse judiciário tomado pelos comunistas?

— Não é bem assim, Carlos. Em muitos casos, as instituições funcionam. Veja o exemplo da Lava Jato.

— Instituições? Essa gente não está nem aí para as instituições — retrucou.

— Mas ele foi preso e vai ser julgado, conforme determina a lei, Carlos.

— E daqui a pouco vai estar solto de novo, graças às leis.

— As leis são muito brandas, realmente — concordou Gustavo.

— Por isso que não dá para ser limpinho e jogar conforme as regras com quem não está nem aí.

— Mas as próprias regras preveem uma maneira de mudá-las sem violá-las. Por isso que defendo o endurecimento de algumas leis.

— Os caras já demonstraram que estão dispostos a tudo, até a matar, e você quer discutir respeito às leis com eles?

Jair ouvia sem intervir.

— Não. Eu quero aplicar a lei para pôr freio nos crimes deles. E quero mudar as leis conforme as regras que elas próprias determinam. — Gustavo, nesse momento, se deu conta de que já não falava com ar submisso de outrora e passou a se policiar para não parecer insubordinado.

— Mas, numa guerra, a regra não pode ser respeitada só por um lado — disse Carlos, encolhido na cadeira, trêmulo. — Porque aí, o lado que não cumpre regras fica em vantagem.

— Até numa guerra existem regras e, para quem não as cumpre, há punição, não é, capitão? — buscou anuência do chefe, que não se manifestou.

— Mas se eles ganharem, não vai ter ninguém pra puni-los. Eles vão punir os perdedores, que seremos nós.

— Então você sugere o quê? Um vale-tudo?

— Eu sugiro que, quando for necessário, se utilizem as mesmas armas que o lado de lá já está usando.

— Mas, Carlos, se a gente não obedecer às regras, nós já perdemos.

— É o contrário. Se a gente sempre obedecer às regras, nós já perdemos, porque ficamos em desvantagem. Imagine que, para evitar uma catástrofe... — Carlos tossiu por alguns segundos. — Se para evitar uma catástrofe — retomou — fosse preciso violar alguma lei, mesmo prejudicando alguém, você hesitaria?

— As coisas não são bem assim, não é mesmo, capitão? — disse Gustavo, mais uma vez procurando amparo.

— Imagine, por exemplo... — Carlos tossiu novamente, dessa vez por mais tempo. — Imagine que alguém só descobrisse hoje os crimes que os comunistas cometeram e, ao tentar revelar, fosse impedido por uma pessoa, que tomasse essa medida para evitar que a revelação prejudicasse nossos adversários. Você não acha justo ignorar as regras para tirar esse obstáculo da frente?

— Não entendi.

— Se a imprensa, por exemplo, quisesse censurar essa informação...

— A imprensa censurar?

— É, a imprensa. Ou a justiça eleitoral. Pronto. Digamos que a justiça eleitoral quisesse proibir a divulgação dos crimes dos comunistas, alegando que isso ia desequilibrar o pleito. Você não acha que seria correto eliminar esse tipo de censura?

— Eliminar a justiça eleitoral?

— Não. Digamos que um ministro defendesse isso. Ele vai decidir sobre isso. A gente pode impedir ele de decidir assim, entendeu? Você não acharia correto impedir?

— Mas seria uma decisão monocrática, é isso?

— Caralho, Gustavo. Eu estou dando um exemplo.

— Certo. Caberia recurso, não é? A aplicação das regras, como o direito à informação e a liberdade de expressão, poderia servir para reverter esse tipo de decisão no pleno — falou Gustavo com voz mansa, tentando disfarçar certa impaciência.

— É guerra, Gustavo — disse Carlos com olhos vermelhos esbugalhados, inclinando-se para frente e tentando não tossir. — Nessas condições, a benevolência é um tipo de traição.

— Eu compreendo o que você quer dizer, Carlos. Você é um rapaz inteligente, privilegiado pelo fato de ter vivência política desde muito jovem...

— Como assim "privilegiado"?

— Digo, assim, que... nem todo mundo tem as mesmas oportunidades que você teve...

— Então é isso que você pensa: que eu tenho privilégios?

— Não foi o que eu quis dizer, Carlos — Olhou para Jair, como quem pedisse ajuda mais uma vez — eu quis dizer que você teve o privilégio de trabalhar e aprender com teu pai desde cedo. Também me acho privilegiado por isso...

— Privilégios? Ah, você tem privilégios? Eu tive privilégios por quê? Trabalhei, sim, com o meu pai — movimentou o corpo para frente como se fosse se levantar, mas desistiu e, aumentando o tom de voz, continuou: — E se eu continuei trabalhando com ele, foi porque eu ME-RE-CI! Se eu tô onde eu tô, é porque eu mereci, porra!

— Carlos, Carlos, calma aí, ô — interveio Jair fazendo cara de dor e, dirigindo-se a Gustavo, prosseguiu — Vou conversar com o Carlos sobre como vai ser a propaganda daqui pra frente e a gente se fala. Um abraço — disse, pondo fim ao diálogo.

Gustavo, compreendendo o recado, se despediu, mas, já com uma ponta de desconfiança, ensejada pelo que Sinval havia lhe recomendado antes de entrar, olhou cada canto do quarto à procura de algo suspeito.

Foi aí que teve a impressão de ter visto, entre o criado-mudo e a poltrona em que Carlos estava sentado, um punhado de cabelos negros e lisos.

Carlos, como se percebesse a descoberta do outro, se levantou e, fingindo fazer qualquer coisa no leito do enfermo com as mãos, afastou, com um dos pés, o objeto mal-escondido.

— Tem um negócio aí — falou Gustavo meio sem ação.

— Hã? — murmurou Jair.

— Viu aí, Carlos? Um negócio aí no canto?

Carlos negou com a cabeça e olhou para o relógio na parede, como que a informar que o tempo da visita havia acabado.

Jair já começava a pegar no sono, e Gustavo teria que sair.

— O que é isso aí, Carlos?

— Nada, não tem nada aqui. Tchau, Gustavo.

Gustavo saiu e, ao fechar a porta e dar alguns passos rumo à saída, avistou Sinval, que apontou, lá dentro do quarto, a silhueta do capitão.

"Mas ele tinha pegado no sono ainda agora", pensou alto ingenuamente.

— Já reparou que os dois nunca aparecem juntos? — disse Sinval, levando Gustavo a esboçar uma expressão de incredulidade.

— Isso não pode ser real. Parece roteiro de filme B — disse Gustavo.

— O quê?

— Eu vi uma coisa estranha.

— No quarto?

— Sim... Deixa pra lá.

— Diz aí.

— Não, não. Deve ser coisa da minha cabeça.

— O que era? Pode falar que daqui não sai.

— Vi uma coisa. Parecia, sei lá, um tufo de cabelo.

— Um tufo de cabelo?

— É, uma peruca, sei lá.

— O senhor viu?

— Acho que era. Não sei.

— Mas viu?

— Não sei. Acho que vi.

— No quarto, foi?

— Isso. Mas talvez não fosse.

— Como assim?

— Talvez tenha sido só impressão.

— Viés de confirmação?

— O quê?

— Viés de confirmação, sabe?

— Sei — respondeu Gustavo, que, na verdade, não sabia.

— Será?

— Você ficou me contando essa tua teoria da conspiração, já entrei lá procurando coisas que confirmassem essa tua desconfiança.

— Tudo o que você procurar, você vai encontrar. Mesmo que a coisa, de fato, não esteja lá, mas daí a ver coisas...

— Às vezes os olhos mentem. Não vê os caras, morrendo de sede no deserto, que enxergam água onde não tem? — disse Gustavo com tom de autoridade, contrastando com o modo como se portara ainda há pouco.

— Entendo que o senhor ficou meio puto de ter sido substituído pelo filho do homem, mas isso não quer dizer que esteja vendo coisas só pra confirmar a opinião de que o senhor é mais qualificado pra função que ele.

— Sim, vá lá. Mas esse negócio me fez pensar numa coisa. Se o Carlos realmente estiver manipulando o pai, ou se passando por ele, seja lá por qual motivo for, ele sempre vai enxergar o que quer pra justificar as decisões que tomar.

— Entendo.

— Semelhante ao cara que acha que a mulher tá traindo e vê evidência em tudo, sabe?

— Tipo Otelo de Shakespeare, não é?

— Isso — disse Gustavo, que nunca leu Shakespeare.

— É desse jeito que o senhor falou aí: enxerga evidência de traição em tudo e acaba matando a mulher.

— Meu medo é o capitão entrar nesse jogo, se é que isso está acontecendo mesmo, de enxergar trairagem em tudo, influenciado pelo filho. Aí ele vai começar a limar todo mundo um por um.

— Tipo os expurgos stalinistas, né?

— Por aí — disse Gustavo sem ter certeza, pois não conhecia a história soviética.

— Melhor já ir se precavendo — disse Sinval, fazendo involuntariamente um péssimo trocadilho.

Um ministério para um amigo

Desde que soube, com frustração indescritível, que não fora reeleito senador, Magno Malta ia todo santo dia à casa de Jair com o pretexto de "orar pela sua saúde".

Já não era mais nem surpresa: quando Jair ou a esposa se levantavam, Malta já estava na sala, geralmente com uma sacola de pães franceses que, dizia ele, levava para o café da manhã.

— Amor, você não acha que o Malta está sendo meio assim... meio inconveniente vindo todo dia de manhã cedo aqui pra casa? — perguntou Michele certa vez.

— Meio inconveniente?!

— É... um pouco inconveniente, sabe?

— Ele está sendo é inconveniente pra caralho, Michele. Não sei mais o que eu faço — respondeu Jair, que a cada dia demorava mais para sair do quarto, na esperança de que o visitante desistisse de esperá-lo.

O plano de dar chá de cadeira ao visitante, no entanto, fracassou, e Malta, todos os dias, batia o ponto na casa de Jair carregando uma sacola de pão francês e o aguardava.

Foi assim todo santo dia.

Não foi diferente no dia da votação do segundo turno, mas, dessa vez, Malta passou o dia inteiro na casa de Jair.

Já à noite, horas após a contida comemoração na casa do eleito, ao longo das quais os correligionários se despediam, restando, por fim, só a família e o ex-senador, que lá permaneceu na cara dura e aguardou até o início da madrugada, Malta se sentiu, finalmente, à vontade para conversar francamente com o anfitrião:

— Ei, Jair...

— Oi — respondeu Jair, que olhava o celular, ignorando de propósito o visitante.

— Bem que eu te falei desde o início: para Deus, nada é impossível, meu consagrado.

— É verdade — bocejou e olhou para o relógio de pulso.

— E veja que, mesmo eu tendo certeza da vitória, tive o altruísmo de abrir mão de ser o vice, pra possibilitar ampliar o arco de aliança, convidando outra pessoa pra compor.

— Pois é — disse Jair bocejando novamente.

— Como o mais importante era não deixar o PT voltar à presidência, eu deixei de fazer campanha pra mim, pra fazer tua campanha...

— Te agradeço por isso, Malta — falou Jair olhando para o relógio pela terceira vez em menos de um minuto.

— Então tamo junto aí, meu abençoado.

— É...

— Eu acho que não tenho perfil para ser ministro da Fazenda, nem nada do tipo — Jair bocejou e olhou de novo para o relógio. — Você tá com sono, então amanhã a gente discute esse negócio de ministério, beleza, meu condecorado?

— Malta, não é hora.

— Não, claro. Só queria saber, pra ter uma ideia, que ministério eu vou ocupar.

— Porra, Malta, estou morrendo de sono.

— É, eu também estou com sono. Mas você já tem ideia, mais ou menos, pra qual ministério eu vou?

— Olha, Malta, pra ser franco, não sei. Tenho que ver com os outros aliados aí como vai ficar a composição do governo.

— Mas vai ter um ministério pra mim, não é?

— Malta, me liga semana que vem, pode ser? Deixa eu esfriar a cabeça nos próximos dias. Quer dizer: mês que vem. Me liga mês que vem, pode ser?

— Só quero saber sim ou não. Não quero nem mais discutir qual vai ser o ministério.

— Preciso dormir, Malta.

— Diga só sim ou não.

— Malta, eu levei uma facada. Preciso esvaziar a bolsa de colostomia e dormir. Se você continuar enchendo o saco talvez eu enfarte de raiva e nem assuma a presidência. Depois a gente vê isso aí, beleza?

— Depois quando? Amanhã?

— Se tivesse aceitado ser meu vice, não tava agora aí desempregado.

Malta enxugou o suor da testa com um lenço de papel, despediu-se e foi embora.

Jair entrou no banheiro para esvaziar a bolsa de colostomia que, como consequência do atentado que sofrera, carregava pendurada na barriga.

Ao sair do banheiro, viu que no seu celular já havia várias mensagens enviadas por Malta.

Eram versículos da Bíblia e outras que recomendavam lembrar dos amigos que, "nas tormentas, estiveram com ele no mesmo barco".

Malta, talvez vendo que Jair estava online, começou a gravar um áudio que, na sequência enviou, mas Jair estava tão puto que ignorou.

A inócua jornada de Malta em busca de um ministério só serviu de matéria-prima para inúmeras piadas e memes na internet.

Malta nunca mais levou o pão para o café da manhã na casa do amigo.

Os *snipers* brasileiros são os piores do mundo

Imerso em recordações, Jair olhava os próprios olhos no espelho.

Lavou o rosto como quem lava a alma, pois fazia um calor do capeta naquele dia e a imprensa e os eleitores o aguardavam do lado de fora da Granja do Torto.

Escutou, do outro lado da porta, vozes que foram se aproximando, até que foi possível notar uma discreta discussão.

Abriu a porta e viu sua esposa, Carlos e Leo, seu sobrinho, debatendo algo.

Todos se calaram assim que o viram.

Michele, com os braços cruzados e batendo o pé, olhou para o enteado e falou asperamente:

— Fala aí para o teu pai, para ver se ele concorda.

E Jair, sem entender o que estava se passando, olhou complacente para a mulher e, logo após, com semblante mais sério, para o filho, e exclamou:

— Desembucha! — Carlos ficou em silêncio e Jair, como se pedisse explicação à esposa, a olhou.

— Ele quer ir de carona no carro, Jair.

— Como é?

— Ele quer ir no carro com a gente.

— No carro? Nesse que vai levar até o local do desfile?

— É, mas ele quer desfilar em carro aberto também.

— No Rolls-Royce? — perguntou, sobressaltado, Jair.

— É, nesse carro aí. Você acha que tem cabimento um negócio desses, Jair?

Carlos tentou esboçar alguma palavra, mas hesitou.

Olhou ligeiramente para o primo e baixou a cabeça, calculando os argumentos para replicar à iminente reação do pai.

— No tocante a isso, eu não vejo muito problema, embora não faça sentido — disse Jair.

— Mas, amor, você não acha que quebrar esse protocolo vai ser malvisto pela opinião pública? É praxe sempre só ir o presidente e a primeira-dama.

— Mas se a primeira-dama, que não foi eleita a nada, nem vai tomar posse, pode ir, o filho também pode — disse Leo.

— Fica na tua aí — ordenou Jair e, após uma pausa, continuou: — Pior que esse argumento faz sentido...

— Mas, Jair, você não acha que fica meio estranho quebrar essa tradição, ainda mais sendo você, que disse durante a campanha que vai lutar para restaurar as tradições? — perguntou Michele.

— Pai — disse Carlos —, diz pra tua esposa aí que não tem tradição mais importante que preservar a família.

— Se você não for, vai representar um atentado à família brasileira, é isso? — perguntou Michele.

— A família é a base da sociedade, não é, pai?

— É, Michele, não custa levar o garoto no banco de trás — disse Jair após uns breves segundos de silêncio.

— Mas, Jair, isso é quebra de protocolo. O pessoal do cerimonial explicou bem direitinho que não pode.

— Ele é o presidente, então pode, se ele mandar — disse Carlos, sob o olhar de aprovação de seu primo.

— Se não puder, a gente vai como? A pé? — perguntou Leo tentando criar coragem.

— Pega um Uber — disse Michele.

— Vamos parar com essa discussão — interveio Jair. — Fica na tua aí, ô — disse apontando para Leo. — O garoto vai.

A declaração despertou um sorriso de triunfo em Carlos e no primo, que, discretamente, tocaram as mãos.

Jair fez uma pausa e disse, olhando para o sobrinho:

— Mas você não vai, não.

Michele foi quem sorriu dessa vez, mas logo ficou séria e falou:

— Amor, o que você vai dizer quando a imprensa perguntar sobre essa carona do teu filho?

Jair raciocinava em silêncio quando Leo falou:

— Diz que ele estava fazendo a segurança do pai.

— Jair, você não acha essa resposta, assim, meio imbecil? — disse Michele.

— Não é, não. Ele sofreu um atentado há uns meses. Nada mais natural que tome precauções para evitar um novo atentado, não é, tio? Aí vai parecer que o Carluxo foi na carona disposto a se sacrificar pelo pai — falou colocando a mão no ombro de Carlos, que o olhou e sorriu.

— Até que você não é tão burro às vezes, Leo — disse Jair com sincero orgulho.

— Mas o carro já não vai arrodeado de seguranças? — questionou a primeira-dama.

— Mas se um *sniper* atirar de longe? — retrucou Carlos.

— Aí o *sniper* vai errar o tiro e acertar em você, é isso?

— Eu me jogo na frente da bala se for necessário — argumentou Carlos.

— Tá, até porque você vai ser mais rápido que a bala, não é? — disse Michele.

— Mas pelo menos alguma chance teria de evitar um ataque.

— Então vai correndo atrás do carro.

— Essa distância toda?

— Mas não é você que faz CrossFit?

— Mas se eu for atrás do carro, não tem como eu proteger ele de um *sniper*.

— Que desculpa sem sentido essa. Fala alguma coisa, Jair — apelou Michele.

— Vamos levar o garoto, Mi. Ele nunca andou num carro desses. Além disso, isso vai mostrar como a gente valoriza a família.

— Então eu posso ir também, tio? — perguntou Leo.

— Não — respondeu Jair peremptório.

Ninguém mais teve tempo de argumentar, pois o rapaz do cerimonial chegou e disse que o comboio que os conduziria ao Rolls-Royce estava à espera.

— Vamos lá, assumir a presidência — falou Jair com bom humor, conduzindo a esposa para o lado de fora, enquanto Leo alisava a lapela do paletó do primo.

— Vai lá e arrasa, Carluxo — sussurrou.

— Retardado — respondeu Carlos, rindo.

Jair, que já estava entrando no carro, gritou para a dupla:

— Vamos deixar de veadagem aí. Vamos embora, Carlos, antes que o Temer mude de ideia e não me entregue mais o país.

Partiram, em carro fechado, até o Rolls-Royce, de onde, sob o sol, acenavam e sorriam para os presentes.

Carlos, no banco de trás, ia calado, olhando para os lados durante o itinerário, como que a procurar possíveis ofensores.

Por um momento, Jair se questionou: "E se um *sniper* tentar mesmo me matar?", mas logo se livrou desse pensamento, que voltou a acometê-lo quando um cavalo que escoltava o conversível refugou e interrompeu por alguns segundos o desfile.

— Bem que o Leo falou pra gente tomar cuidado. Viu aí? Deve ser filiado ao PSOL — falou Carlos quando o carro conseguiu seguir o trajeto.

— Impossível, Carlos. O pessoal da inteligência sabe a vida toda de cada um dos membros da guarda. Jamais admitiriam alguém do PSOL, principalmente depois do atentado que sofri — falou Jair.

— Não me refiro ao cara da cavalaria, pai. Me refiro ao cavalo.

Esperando os demônios

Aquele seria seu silencioso e ostracístico último mês de mandato.

Passaria longe da tribuna aqueles dias, já que o parlamento estava em recesso, e, caso nada de eventual ocorresse, justificando deste modo a convocação de uma sessão extraordinária, jamais faria uso da palavra, na condição de senador, estando seu então considerado amigo na condição de presidente.

Àquela altura, já se convencera terem sido vãs suas investidas em busca de uma colocação no primeiro escalão do governo, pois, ao passo que o nome de muitos já era anunciado ainda durante a campanha, o seu, com tal perspectiva, nada suscitava além de chacota.

Optou por ausentar-se da solenidade de posse, pois cria, sem dizê-lo a ninguém, que sua ausência seria notada, gerando questionamentos e, desse modo, ensejando o ressurgimento da natimorta discussão sobre sua indicação para algum ministério.

Assistiu a solenidade pela TV, na companhia de meia dúzia de amigos, aguardando ansioso o regozijo de ouvir seu nome mencionado por algum dos jornalistas que cobriam o evento.

Quando viu o comboio chegar ao local em que Jair embarcaria no Rolls-Royce, para o desfile em carro aberto, pensou, com a nitidez que evitara a todo custo até então, na oportunidade que a história lhe deu e que deixara passar.

"Era para eu estar no carro de trás", pensou, referindo-se ao veículo que conduzia o vice-presidente até a rampa da Câmara dos deputados, onde seriam feitos os juramentos de posse.

Obteve o efeito contrário, ao tentar, insistentemente, demonstrar naturalidade diante de seus convidados.

— Olha lá, o vice e a esposa vêm no carro de trás, vocês sabiam? Ninguém nunca percebe isso, mas sempre foi assim. O vice vai num carro fechado, atrás — disse Malta aos visitantes.

Quando Jair e Michele desembarcaram do Rolls-Royce para se posicionarem na subida da rampa da Câmara dos deputados, Malta levantou e, apontando para a TV, disse para os convidados:

— Agora, ó. Olha aí, o vice vai sair do carro de trás com a mulher — e olhou para sua esposa, que fazia um silêncio meio constrangedor.

Quando Mourão desceu do carro e foi colocado ao lado de Jair, enquanto as esposas eram conduzidas para trás de cada um dos seus respectivos, Malta se sentou novamente:

— Eu não disse? Eu não disse? Viram aí?

— É... — balbuciou alguém, num arremedo de interação.

Levantou-se novamente enquanto os futuros presidente e vice subiam a rampa e falou para os convidados que eles atravessariam o Salão Negro a caminho do plenário.

— Eles fazem o juramento lá, depois assinam o termo de posse — explicou.

O repórter da TV falou: "Presidente e vice eleitos passarão pelo Salão Negro da Câmara, antes de irem ao plenário", e Malta falou com ar meio triunfal:

— Eu não disse?

Ao chegarem ao plenário, o comportamento de Jair, descontraído, cumprimentando os ex-colegas de parlamento, contrastava com a serenidade de Mourão, que, sério, só não era ignorado pelo pessoal do cerimonial.

Sem sorrir em momento algum, o vice aguardou sua vez de fazer o juramento.

Quando Mourão, em tom marcial, como quem desse ordem a uma tropa, falou alto "Prometo manter, defender e cumprir a Constituição...", Malta, evitando se virar para os convidados, foi rápido para o banheiro, onde permaneceu por alguns minutos.

Foi como se ele tivesse sido golpeado silenciosamente por demônios que aguardara até então, angustiado, sabedor de que era inútil tentar fugir do tormento.

Todos os presentes perceberam que seus olhos estavam avermelhados quando ele retornou, mas ninguém comentou nada a respeito.

— Agora, depois que passarem a tropa em revista, vai ter a salva de 21 tiros de canhão — falou, tentando sorrir.

Nenhum jornalista comentou sobre sua ausência.

O porco da Joice

Há enredos na vida real que, de tão pouco verossímeis, jamais seriam escritos pelos piores roteiristas.

Tais histórias, geralmente, quando chegam a ser escritas ou encenadas, só despertam algum interesse quando antecedidas pelo aviso de que se baseiam em fatos.

Este, talvez, seja o caso presente, no qual se revela o improvável desfecho da investigação que apurou a suposta ameaça de morte sofrida pela Joice, na época deputada federal eleita.

O país se consternou quando ela, eleita, na época, com a maior votação da história entre as mulheres, anunciou que fora destinatária de uma ameaça de morte.

O fato, que preocupou muitos de seus eleitores, foi visto como um gesto jocoso por outros, uma vez que o tal ameaçador teria enviado a Sua Excelência, além de um bilhete, uma cabeça de porco, ornada com uma peruca loira, em referência à imagem da própria vítima.

O porco, portanto, ensejou piadinhas infames, pois, em atitude que hoje poderia ser enquadrada como crime de gordofobia;

muitos engraçadinhos, sobretudo na internet, fizeram relação entre o objeto da ameaça e o fato de a deputada ter se tornado cada vez maior, na acepção adiposa do termo, nos meses que antecederam o ocorrido.

Os maliciosos comentários que a adjetivavam de *Milf* se tornaram raros, dando lugar a críticas — que ela, a princípio, interpretou como "recalque" — sobre sua forma física.

O marco da enxurrada de comentários a esse respeito foi um vídeo que ela protagonizou, que se propunha a ser um episódio de uma série ou algo que o valha, no qual aparecia tentando, debalde, fechar um casaquinho.

Na cena seguinte, Joice era sequestrada e conduzida para um cativeiro, onde, após ser submetida à revista, levava um tapinha nas nádegas, que despertava uma reação violenta da protagonista.

Algum desavisado poderia confundir a sequência com o introito de uma "superprodução" erótica, daquelas com roteiro improvisado, sem diretor de arte nem figurinista.

As duas cenas — a do casaco e a do tapa — rivalizaram nos comentários, mas os quilos ganhos por ela, ao longo dos meses que sucederam, suscitaram a vitória da primeira cena, que quase suplantou por completo a memória da segunda.

"O casaco nem fecha", repetiam *ad nauseam* os internautas, e aquela constatação parecia anunciar o teor do *cyberbullying* que sofreria nos meses seguintes.

Tudo piorou ainda mais durante a campanha eleitoral, quando Joice se via na obrigação de almoçar duas ou três vezes por dia, segundo ela "para não fazer desfeita com os apoiadores", pois, conforme falou certa vez, "O apoiador se sente lisonjeado quando pensa que a candidata reservou tempo para almoçar com ele".

Mas quando os comentários injuriosos sobre sua forma física se tornaram rotineiros, ela, notando que suas roupas já não cabiam, prometeu a si mesma — depois de comer aqueles que afirmou serem os últimos *cheese bacons* dos próximos anos —, e também ao seu esposo, que dali em diante recuperaria a antiga forma física.

— Pode me proibir, se eu inventar de comer algo que não devo. Estou te dando poder de veto sobre minha dieta — falou resoluta para o cônjuge.

Ele, por sua vez, ao tomar conhecimento da ameaça supostamente recebida pela esposa semanas mais tarde, afirmou que, caso ela tivesse assumido tal compromisso meses antes, a ameaça, ao menos daquela forma, não ocorreria, pois o objeto remetido era óbvia alusão à compleição física da mulher.

— Mas se não enviassem um porco, enviariam outra coisa, amor — argumentou Joice que, ao receber a ameaça, anunciou, primeiramente em vídeo, que a cabeça do animal havia sido deixada na recepção de um hotel em que estava hospedada, requerendo que as autoridades tomassem providências para identificar o autor do delito.

Não obstante a repercussão, o fato não foi mais mencionado pela crônica policial dali em diante.

A própria parlamentar não tocava mais no assunto e, ao ser indagada a respeito, silenciava.

O ocorrido não tardou a ser esquecido, para alívio da própria Joice, que pediu encarecidamente ao delegado que presidiu as investigações que não revelasse o teor do inquérito.

Pacheco, o referido delegado de polícia, fora, outrora, colega de faculdade deste narrador, e certa feita, quando nos encontramos no Boteco de Seu Basílio, me revelou em que tinha dado a investigação.

— Se eu contar, Procópio, você não acredita — disse-me, antes de esvaziar o copo de cerveja. — Se você usasse Facebook, ia ver como teve gente fazendo piada com essa história do porco. Se soubessem da verdade, então, meu amigo...

Pacheco narrou, com detalhes de inquisidor, que "os caras de cima" exigiram que o caso fosse solucionado.

"A mulher vai assumir mandato de deputada federal ano que vem e ela é assim com o presidente", teria dito o superintendente.

— A primeira coisa de que fomos atrás, e que podia ter encerrado as investigações ali mesmo, foram as imagens das câmeras de segurança do hotel. Mas esses sistemas são apagados periodicamente, e já não havia gravação nenhuma quando fomos lá — explicou.

Na ausência de imagens das câmeras do hotel, Pacheco determinou que fossem requeridas as imagens das câmeras de segurança das adjacências e da rua onde a encomenda foi entregue.

— Eu até salvei a imagem, Procópio, porque senão ninguém ia acreditar em mim — falou abrindo uma imagem no celular.

— Não entendi — falei depois de ver a imagem.

— Olha direito aí. Vamos ver se você leva jeito para ser investigador.

— Esse aqui é o cara?

— É. Olha direito aí. Não está notando nada estranho?

— Não... Peraí... É isso mesmo? Ele está levando o porco preso numa coleira?

— Bingo!

— O porco tava inteiro?

— E vivo, Procópio. O cara deu de presente o porco inteiro.

— E por que ela disse que só recebeu a cabeça?

Não se pode afirmar com certeza, mas há elementos capazes de fazer crer que a pergunta com a qual o diálogo acima foi finalizado só poderia ser respondida pela própria "vítima".

Há quem assegure — mas, a pedido da própria fonte, a identidade não será revelada — que Sua Excelência, ao receber o presente, especulou que seu esposo, a quem havia outorgado autoridade para proibi-la de quebrar a dieta, não consentiria que ela degustasse qualquer pedaço de uma provável pururuca.

Concluiu também que não poderia abrigar o animal em seu quarto de hotel e, estando seu retorno programado só para dali a dois dias, justificou à sua consciência que não tinha outra opção além de determinar o imediato preparo do animal pelo *chef*, estando escusado, pelas circunstâncias, quebrar sua dieta.

Não queria, no entanto, que o esposo soubesse do ocorrido e, arquitetando um engenhoso plano, determinou que o animal, antes de ir para o fogo, fosse decapitado.

Assim, para todos os efeitos, sustentaria a versão segundo a qual só recebera, em forma de ameaça, a cabeça do porco, o que possibilitaria fazer um profícuo e comovente vídeo, no qual denunciaria a suposta ameaça, rendendo-lhe milhares de curtidas e visualizações.

— Por isso a divulgação do vídeo só foi feita uma semana depois que ela saiu do hotel, quando as imagens das câmeras já tinham sido apagadas. Ela só não contava que, na mesma rua, houvesse um sistema de monitoramento que salvasse as imagens de um mês inteiro.

— Mas então, além do *chef*, há mais cúmplices nessa história? — perguntei a Pacheco.

— Não se pode afirmar com certeza, mas é provável que não.

— Mas o que foi feito do porco, afinal?

— Tudo levar a crer que ela comeu.

— Inteiro?

— Menos a cabeça.

— Ela sozinha?

— Sim.

— Como é que é?

— Sim. Comeu sozinha. Por isso há quem acredite que, por causa disso, ela criou essa história toda.

— Então ela vai responder pelo crime de denunciação caluniosa, não é?

— Não, porque, para configurar esse crime, ela teria que atribuir a alguém a ameaça. Ela só disse que foi ameaçada, mas não acusou ninguém — explicou Pacheco.

— Um dia você deveria escrever sobre isso.

— Eu não. Se eu contar um negócio desses, ninguém vai acreditar em mim — concluiu, enchendo novamente nossos copos.

Há coisas que acontecem na vida real que, de tão absurdas, jamais passariam pela cabeça dos piores roteiristas.

Esta história, provavelmente, é uma delas.

Gustavo, o breve

A imprensa não tardou a fazer ilações sobre a constante presença de Leo nos corredores do Palácio do Planalto.

Questionava-se o fato de não ocupar cargo algum na administração e ser mais assíduo que certos servidores comissionados.

Entre tantas ilações, atendendo uma lógica inelutável da ciência estatística, um jornal quase acertou com precisão o porquê da presença daquela estranha figura no Palácio.

Meses antes, quando Jair ainda se encontrava hospitalizado, Carlos havia comentado com Leo sobre certo colóquio que tivera com Gustavo, que o alertou para a possibilidade de estar diante de um provável traidor.

— Eu consigo ver o delito antes de ser cometido e o denuncio, Leo. Imagina o dano que pode ser evitado quando você se antecede aos fatos — argumentou Carlos.

Ele havia usado esse mesmo argumento em conversa com seu pai, meses antes, quando este anunciou que nomearia Gustavo para a Secretaria-Geral da Presidência da República.

O argumento, no entanto, não foi suficientemente convincente para demover Jair da decisão de efetuar tal nomeação.

— O cara esteve do nosso lado esse tempo todo, Carlos. Advogou de graça pra nós e agora você quer que eu deixe o cara na mão?

Essa foi uma das raras divergências entre pai e filho, cuja relação, sobretudo durante o período de convalescença de Jair, se tornou tão forte que os dois, consubstanciados num único ser, formavam uma espécie de trindade, mas sem o Espírito Santo.

O que um dizia, o outro não só concordava como complementava, muitas vezes confundindo os correligionários, que ficavam sem saber se a ordem tal partira do pai ou do filho.

Nas redes sociais, as publicações de um confundiam-se com as do outro, a ponto de os seguidores, ao lerem as publicações, especularem se, de fato, elas teriam sido redigidas pelo titular do perfil ou pelo outro.

Assim foi com a postagem que resultou na precoce demissão de Gustavo da Secretaria-Geral da Presidência.

Mas antes de falar sobre tal publicação, é pertinente esclarecer que, como concessão de Jair ao filho, diante da divergência mencionada, foi autorizado que Carlos designasse seu primo Leo para ser "seus ouvidos e seus olhos" dentro do Planalto.

Como seria possível prever, Leo, que obviamente não participava das reuniões dos membros do governo, e cuja atividade diária se resumia a perambular pelos corredores do Palácio do Planalto e da Esplanada dos Ministérios, não conseguiu descobrir absolutamente nada.

— Mas como assim, não descobriu nada? — questionou Carlos certa vez com irritação.

— Eu só vejo o pessoal do primeiro, segundo e terceiro escalões do governo pra lá e pra cá. Como vou descobrir alguma coisa apenas andando nos corredores, Carluxo?

Desprovido de qualquer fato que justificasse pedir a cabeça daquele que despertara sua desconfiança, Carlos se convenceu de que teria que aguardar, talvez até indeterminadamente, por um fato novo.

O acaso, no entanto, não tardou a ajudá-lo.

*

No início do segundo mês de governo, quando Jair havia sido internado para uma cirurgia, surgiram denúncias sobre direcionamento de verba do Fundo Partidário para candidaturas de laranjas.

Gustavo foi apontado como responsável pelo ilícito, o que negou veementemente desde sempre.

Em seu leito de enfermo, Jair não deu nenhuma declaração a respeito do caso, mas logo a imprensa especulou que a denúncia o teria aborrecido, possivelmente gerando uma crise entre o presidente e o ministro.

Indagado a respeito, Gustavo declarou que não havia crise:

— Falei com ele três vezes ontem.

Imediatamente após a publicação da declaração de Gustavo nos jornais, Carlos reagiu de modo incisivo, chamando-o de mentiroso.

"Ontem estive 24 horas do dia ao lado do meu pai e afirmo: É uma mentira absoluta de Gustavo Bebbiano (*sic*) que ontem teria falado três vezes com Jair Bolsonaro para tratar do assunto citado pela imprensa."

— Olha aqui, doutor — disse Sinval, mostrando o celular. — O Tonho da Lua disse que o senhor está mentindo.

— Quem?

— O Carlos. Ele disse que o presidente não falou com o senhor ontem, não.

Gustavo tentou buscar amparo junto ao capitão, mas o próprio endossou a declaração do filho, anunciando, tacitamente, a inevitável demissão do ministro.

— Mas, capitão, nós nos falamos ontem. Como é que o senhor vai permitir que eu seja chamado de mentiroso em público? — questionou Gustavo com voz de choro.

— Ô, Gustavo, nós só trocamos mensagens pelo WhatsApp — argumentou Jair, de nada adiantando a patética tentativa de Gustavo de demonstrar o que o outro provavelmente já sabia, embora negasse: que troca de mensagens pode ser considerada conversa.

No décimo oitavo dia do segundo mês de governo, Gustavo foi demitido do ministério, sob implacável linchamento virtual.

A história, no entanto, ainda não havia terminado.

*

Naquela mesma semana, Gustavo divulgou os áudios da conversa que teve com Jair, com o único propósito — segundo afirmou — de provar que não estava mentindo.

Nada foi capaz, no entanto, de mudar a opinião das redes sociais, nas quais dezenas de milhares de pessoas o tachavam de traidor.

"Esses áudios não provam que teve conversa, pois neles o presidente diz que não quer conversar", argumentaram alguns.

— O senhor acha que essa confusão toda foi criada pelo filho, ou o pai o utilizou como instrumento pra executar um plano? — questionou Sinval.

— No início eu pensei que o filho, irresponsavelmente, tinha armado isso, mas agora tenho minhas dúvidas.

— Pois eu não.

— Você não o quê?

— Não tenho.

— Não tem o quê, homem?

— Dúvidas. Eu não tenho dúvidas sobre isso.

— Então me diz aí, o que você acha disso tudo.

— Lembra daquela cena do Rolls-Royce no dia da posse?

— Claro.

— Aquilo foi muito simbólico. Nem Clint Eastwood pensaria em nada tão semiologicamente perfeito.

— Como?

— Aquela cena do presidente indo tomar posse, carregando o filho no banco de trás, sabe? É muito sintomático aquilo lá... Quem vai mandar no governo vai ser a família, doutor. O senhor não acha?

— Se isso realmente acontecer, ninguém vai apoiar o governo.

— Claro que vai, doutor. O senhor não viu, mesmo depois de o senhor divulgar a conversa, gente dizendo que os áudios não provavam que teve conversa?

— Sim, o que tem a ver uma coisa com a outra?

— Caralho, doutor! — deixou escapar um palavrão, que não era seu hábito dizer. — Tem muita gente disposta a negar o que tá diante dos olhos para mostrar lealdade ao governo. Quando a realidade contrariar o que eles pensam, eles vão dizer que o ponto de vista deles está certo e que a realidade é que está errada.

— Você é muito pedante às vezes, Sinval. Fala como se estivesse dando aula no Mobral.

— Deixa eu simplificar: pra muita gente, fodam-se os fatos. Sempre que os fatos desmentirem o que pensam, eles vão ignorar os fatos e inventar um jeito de dizer que estão certos. Isso se chama viés de confirmação.

— Ah, é isso?

— Sim, é isso.

— Saquei.

Sinval teve uma quase incontrolável vontade de chamá-lo de quadrúpede, mas se conteve.

Desde então, Gustavo viveu um completo ostracismo.

The book is on the table

Quando Alecxandro leu sua nomeação no Diário da União para presidir a Agência Brasileira de Promoção de Exportações e Investimentos, teve a certeza de que, até o dia 31 de dezembro de 2022, ocuparia tal função.

"Estabilidade por quatro anos", chegou a pensar.

Sua tranquilidade residia no fato de, como ele mesmo costumava dizer aos mais próximos, ter sido indicado "pelo filho do homem", de quem se dizia amigo íntimo.

O tal "filho do homem", que exercia influência no Ministério das Relações Exteriores, ao qual a Agência era vinculada, nem precisou convencer o chanceler de que seu nome era o mais indicado para a função.

Ernesto, o ministro na época, interpretou como sendo uma ordem do filho do presidente a indicação, e não tardou a anunciá-la na imprensa.

Não era a única indicação de Eduardo, o "filho do homem", na Agência.

Ele havia causado certo mal-estar com Gustavo, então secretário-geral da Presidência da República, ao nomear uma tal de Arlequina para uma diretoria.

Meses antes, durante a campanha eleitoral, Gustavo havia destituído a moça de suas atribuições partidárias, fato que foi anunciado como um capítulo da briga interna pelo poder na legenda em que o então candidato Jair era filiado.

Arlequina, diziam, não se conformava em não ter sido nomeada presidente da Agência e achava — ao menos era essa a conversa que corria nos bastidores — que, se Alecxandro caísse, ela seria o nome natural para sucedê-lo.

Por isso Alecxandro atribuiu a ela o que chamou de "alcaguetagem", espalhando a informação de que ele não sabia falar inglês.

— Mas como assim, eu tenho que saber falar inglês? — perguntou Alecxandro quando recebeu o memorando do ministro para que se submetesse a um exame de fluência.

— Porra, Alecxandro, tu sabe que a Agência cuida dessas paradas de comércio exterior. Como tu vai participar das discussões com estrangeiros? O negócio dessa reunião essa semana foi foda, meu velho — falou Eduardo, referindo-se a uma reunião ocorrida dias antes com investidores de outros países, na qual Alecxandro não conseguiu dizer outra coisa em inglês além da frase *The book is on the table*.

— Tá, e se vier aqui uma delegação do Japão, eu vou ter que saber falar japonês também?

— Não, caralho, mas tu não sabia falar nada com os caras. Pegou mal pra cacete.

— E agora, Edu? Se eu não passar nesse teste que o Ernesto quer que eu faça?

— Aí fodeu, meu velho.

— Vou ser demitido?

— Tu acha que tem como permanecer?

— Mas essa porra aqui não tem como contratar um tradutor, não?

Uma semana após ser nomeado, Alecxandro atribuiria à Arlequina a articulação que resultou em sua demissão.

*

Contrariando as expectativas de Arlequina, Ernesto nomeou um embaixador de carreira para presidir a Agência.

"Pelo menos ele sabe falar inglês", teria comentado Ernesto com Arlequina, como se alertasse que, para derrubar o substituto de Alecxandro, ela teria que elaborar um plano mais engenhoso.

Mario, o sucessor, desconhecia o clima de disputa que havia dentro da Agência e, diferentemente de grande parte daqueles que ocupavam cargos por indicação, não assumia a função por status ou salário.

Já era um senhor de 60 e poucos anos à época, com mais de quatro décadas de carreira diplomática, alheio, portanto, às picuinhas e brigas por cargos.

Nem percebia o olhar furioso de Arlequina quando se cruzavam pelos corredores, o que certamente a incomodou bastante, pois, não vislumbrando meios de derrubá-lo da presidência da Agência, não conseguia sequer criar um atrito, de modo a ensejar pedir ao ministro sua cabeça.

Dois meses e poucos dias no cargo, quando tudo parecia estar se encaminhando — afora rotineiros problemas de insubordinação —, Mario se deparou com uma desagradável surpresa ao chegar ao trabalho.

*

— Quem mandou colocar isso? — perguntou Mario, referindo-se à porta que bloqueava o acesso aos gabinetes de Arlequina e de outro diretor.

Diante de total silêncio, ligou para Ernesto, para comunicar o fato e pedir providências.

— Já não basta eles não me informarem absolutamente nada de suas funções, agora tomam uma medida dessas sem sequer me consultar, ministro!

Mario não sabia, até então, que se gestavam, dentro do ministério, mudanças substanciais no estatuto da Agência, o que tornaria, de uma vez por todas, inviável o exercício de sua presidência.

— É... eu vou tomar providências — respondeu o ministro gaguejando do outro lado da linha.

— O senhor não chegou a ser consultado sobre isso, ministro? — questionou Mario.

— Hã... pode se tranquilizar... eu vou tomar providências...

— Ministro, eu já havia informado que essas pessoas são incapazes de cumprir a missão básica da APEX. Essa moça, a Arlequina... Arlequina, não é? Pois bem, essa moça é muito omissa. Faz tempo que entidades reclamam que os convênios estão parados. Me reuni com ela não sei quantas vezes, explicando o problema, mas ela some em seguida. A pessoa num cargo desses não pode fugir de suas responsabilidades. Não é só garantir um bom salário, uma boa posição e um automóvel oficial.

Mario decidiu não insistir, ao notar que a conversa causara certo constrangimento ao ministro.

Aguardou que providências fossem tomadas, sem saber que as coisas piorariam ainda mais.

*

No dia seguinte, ao chegar à Agência, viu, numa sala vizinha à sua, um homem de traços orientais a observá-lo.

Cabe aqui abrir parêntesis, antes que o leitor critique a paupérrima imaginação do narrador, que, sem pudor, incluiu tão inverossímil narrativa neste livro, como se alguém pudesse ser ingênuo a ponto de crer nela.

O fato, no entanto, é que o que ora se narra nada mais é que a mais lídima realidade, cabendo recomendar ao leitor — que, bravamente, suportou chegar às presentes linhas — que procure no Google a seguinte chamada:

"Puseram lá um hacker para monitorar minhas ligações."

Pois o tal hacker era o homem de traços orientais, mencionado linhas acima.

Na referida matéria, Mario chegou a afirmar o seguinte:

Puseram lá um japonês, que ficava sentado numa sala de vidro que dava para o meu gabinete, para a sala do meu chefe de gabinete e a do meu secretário. E ficava lá sentado, com um computador, olhando pra gente. Eu perguntei o que ele fazia lá, mas eles não me responderam. Até que veio a informação de que era um hacker que estava ali, observando os movimentos de entrada e saída da minha área e que ele estaria monitorando as ligações telefônicas e os e-mails.

Na época, o teor surreal do fato noticiado só se tornou crível para aqueles que conheciam a idoneidade do embaixador.

Muitos que não o conheciam, portanto, ridicularizaram suas afirmações, pois, naquele tempo, antes de tudo o mais que viria à tona na sequência, cria-se improvável, ou até mesmo impossível, que alguém, dentro do governo, fosse capaz de usar de tais expedientes.

O que ninguém especulava, no entanto, é que o tal japonês, que jamais teve seu nome revelado, não era um mero hacker.

Suas ligações com a Yakuza nunca foram confirmadas, mas quando foram revelados os métodos de interrogatórios que aplicava ao motorista de Mario e o modo como monitorava cada passo daqueles que ficara incumbido de vigiar, as ilações a esse respeito recrudesceram bastante.

Mario pediu desligamento de suas funções exatamente noventa dias após assumi-las.

Mais uma vez, Arlequina não foi indicada para a presidência.

O ministro, ao contrário do que havia prometido a Mario, jamais tomou providências em relação aos atos protagonizados por Arlequina.

O motivo para a inércia, havia alguns anos, só era comentado nos bastidores.

Chegou a hora de ser posto à luz.

*

Arlequina não era a única subordinada que mandava no ministro.

O "rapaz que ocupava um cargo subalterno" no Ministério das Relações Exteriores era outro exemplo de inversão da pirâmide hierárquica.

Os filhos do presidente, nos compromissos internacionais, faziam as vezes de chanceler, comparecendo aos eventos oficiais, enquanto Ernesto, fingindo não se importar em ser colocado para escanteio, apenas compunha a delegação, como um funcionário qualquer.

A diferença é que os funcionários tinham, de fato, alguma serventia.

Aquela situação passou a incomodar o chanceler que, considerando não ser possível mudar tal realidade, se esforçava por fazer os outros acreditarem que nada de anormal ocorria, que se estava a observar os protocolos de praxe de sua pasta e que ele, ao contrário do que estava diante dos olhos de todos, não estava sendo alijado de suas funções.

Durante sua permanência no ministério, somente uma insatisfação foi veiculada pela imprensa.

Foi quando Eduardo o substituiu no jantar com o presidente dos Estados Unidos, na Casa Branca.

Naquele dia, a imprensa noticiou:

"Ernesto Araújo teve chilique por participação de Eduardo Bolsonaro em encontro com Trump."

As chamadas dos jornais sobre o ocorrido foram dolorosas para Ernesto.

Quase todos os veículos utilizaram o termo "chilique" para descrever sua reação, o que, para ele, remetia a escândalos de cortiço, uma atitude decerto incompatível com sua *muy chula* pessoa.

Pior ainda foram os comentários dos analistas, unânimes em afirmar que, se tivesse alguma dignidade, Ernesto deveria pedir demissão.

Ele chegou a redigir o pedido de demissão, mas nunca o remeteu graças à intervenção de Arlequina.

*

Sem bater à porta do gabinete, Arlequina entrou e se pôs na frente do computador.

— Eu não admito que você peça demissão, Ernesto — falou e começou a ler, inquieta, o texto na tela. — Ainda por cima faz essas citações nada a ver em tupi-guarani. Apaga essa merda, Ernesto.

— Mas...

— Apaga agora — ordenou, enfatizando cada uma das sílabas, e Ernesto, coçando a cabeça, argumentou:

— Você viu o que a imprensa tá dizendo a meu respeito?

— Dane-se a imprensa. Você parece que não sabe que a imprensa é inimiga. A imprensa quer que o governo dê errado.

— Mas essa do jantar com o Trump extrapolou os limites, Arlequina. Eu fiquei me sentindo o Eduardo Suplicy na época da Dilma.

— Bem que todo mundo fala que você é vaidoso, Ernesto. Não era nem pra eu estar argumentando contigo, você sabe muito bem.

— Você tem que entender meu lado também, por favor.

— Por favor, nada! Apaga essa merda desse pedido de demissão.

Ernesto apoiou os cotovelos sobre a mesa e segurou a cabeça com as mãos.

— Vamos. Não tenho o dia todo — disse Arlequina batendo o pé.

— Dessa vez, não tenho como fazer diferente. Não tenho como permanecer no cargo.

— Olha, Ernesto, já estou sem paciência contigo. Não venha me fazer te lembrar...

— Poxa, já vem você falar daquele vídeo. Para com isso.

— Então...

— Tá certo. Eu não vou pedir demissão. Deixa aí esse negócio. Não vou enviar.

Naquele momento, Ernesto cumpriu o combinado.

O teor do vídeo nunca foi revelado, embora muito se especule a respeito até hoje.

Era algo muito grave, certamente, já que, em poder de tal mídia, Arlequina jamais foi desautorizada por aquele que, ao menos legalmente, deveria ser seu superior.

Terceira Guerra Mundial

Foi com absoluto alívio que a alta cúpula do Exército recebeu a notícia de que Mourão, vice-presidente da República, havia sido designado para participar da reunião do chamado Grupo de Lima, onde seria discutido que atitude os países do continente tomariam diante da crise venezuelana.

Muitos setores, há anos, já acusavam o país vizinho de ter se tornado uma ditadura, posicionamento que, aos poucos, foi ganhando adesão até mesmo daqueles que rechaçavam tal constatação como absurda a princípio.

O caos na pátria vizinha era percebido com mais nitidez por aqueles que viviam próximo da fronteira, que tiveram suas cidades tomadas por multidões de imigrantes esfomeados, que, oriundos do outro lado, atravessavam para o lado de cá da divisa entre os países para fugir do regime bolivariano.

"O negócio na Venezuela tá tão esculhambado que tem gente fugindo para Boa Vista", comentou, certa vez, um analista.

Observando tal conjuntura, aquele que viria a ser ministro das Relações Exteriores convenceu Jair a não convidar o presidente venezuelano para sua posse.

— Isso vai anunciar, de certo modo, a linha que vai ser adotada pela diplomacia brasileira de agora em diante — argumentou Ernesto, que em breve se tornaria chanceler.

— Eu penso que o rompimento diplomático com nossos vizinhos venezuelanos não deve se dar por ocasião da solenidade de posse — contra-argumentou Mourão, expressando o que acreditava que não devia ser feito, mas, deliberadamente, omitindo o que proporia fazer.

— O presidente foi eleito com discurso de que não ia deixar o Brasil se tornar uma Venezuela, então eu penso que seria incoerente, no dia da posse, ficar dando tapinhas no ombro do Maduro. Isso certamente vai desagradar o eleitorado — disse Ernesto.

— Meu nobre Ernéscio — retrucou Mourão, errando, de propósito, o nome do interlocutor. — Você está esquecendo que a campanha já terminou e nós vencemos. Se for o caso de um rompimento diplomático, que seja feito mais à frente, de uma maneira menos açodada.

— General, não é açodamento quando nós sabemos que o bolivarianismo do Foro de São Paulo — Mourão segurou o riso —, há anos, quase domina todo nosso continente.

— Mas nós derrotamos esse foro aí — respondeu sorrindo o general.

— Parcial e circunstancialmente, sim. Mas não é hora de fazer concessões, porque essa gente vai acabar se fortalecendo.

— Não, se nós tomarmos as medidas mais inteligentes no tempo oportuno. Tudo é estratégia, como num jogo de xadrez. Quem você acha que tem mais condições de intermediar um diálogo entre o governo e a oposição de lá, para solucionar de vez essa crise?

— O tempo dos oradores já passou e, como já fracassaram as armas da diplomacia, chegou a hora de dialogar com a diplomacia das armas — respondeu Ernesto, orgulhoso por ter, finalmente, conseguido usar uma frase feita que há muito havia decorado.

— Bonita frase, Ernesto — ironizou Mourão com um sorriso cínico —, mas o que meu amigo esquece é que esse discursinho conspiratório não tem consistência para desconvidar um presidente para nossa posse — argumentou Mourão, rememorando que o convite já havia sido expedido.

— Não é discurso conspiratório, general — retrucou Ernesto gaguejando. — O fato é que lá há uma ditadura.

— Então, por esse critério, meu querido Ernéscio, vamos desconvidar o Irã.

— Aí é diferente.

— E a Coreia do Norte?

— Mas na Venezuela está tendo violação de direitos humanos.

— Mas os direitos humanos — sorriu Mourão — não são o "esterco da vagabundagem"? — aludiu a uma frase do então deputado Jair, em uma de muitas ocasiões em que "acusou" a esquerda de defender os direitos humanos.

— É diferente da nossa realidade, general, em que a esquerda só defende direitos humanos de bandido.

— É, meu prezado, eu sei. Estou te zoando, como se diz por aí. Mas o fato é que não faz sentido anunciar um rompimento diplomático dessa maneira. Deixa o Maduro vir comer uns canapés, coitado — pilheriou, mas só ele próprio riu.

Não conseguindo convencer o presidente de sua posição, Mourão previu nova derrota quando o presidente da Assembleia Nacional se autoproclamou presidente da Venezuela, e o agora chanceler, desde o primeiro minuto, expressou sua simpatia por reconhecê-lo como tal.

— Pensem comigo: o cara não tem o menor controle sobre nenhuma instituição. Reconhecê-lo como presidente pode ser precipitado — argumentou Mourão em uma reunião realizada por meio de videoconferência, pois Jair estava em um compromisso em Davos.

Para desgosto de Mourão, antes que Jair retornasse ao Brasil, os Estados Unidos reconheceram como legítimo o autoproclamado presidente.

— Agora fodeu. O Jair vai seguir o Trump nessa presepada.

A previsão foi certeira, e não só o Brasil e, mas quase todos os países do continente — excetuando Uruguai e Bolívia — adotaram tal posicionamento.

— Aqui no continente a gente sai de um "anti-imperialismo" infantil para um servilismo constrangedor — teria comentado com um colega de farda.

Pois não tardou para o governo venezuelano engrossar o tom e acusar o governo brasileiro de ser fascista e querer se imiscuir em assuntos internos daquele país.

Tudo se tornou imprevisível quando os Estados Unidos entraram na conversa a pretexto de oferecer ajuda humanitária —

haja vista que faltava de tudo no país —, que foi prontamente recusada pelos bolivarianos.

Era um cenário desolador: milhares de venezuelanos tentando, em vão, atravessar as fronteiras rumo ao Brasil, impedidos pela mesma guarda nacional que proibia, na outra mão, a entrada da ajuda humanitária.

*

Ernesto havia chegado a Lima um dia antes do vice-presidente.

Havia cochilado no avião e, pela posição em que se encontrava, com a cabeça torta, com o queixo encostado no peito, assanhou a barba.

Ao acordar, assim que o avião tocou o solo, foi ao banheiro para ajeitá-la, mas se deu conta de que havia esquecido o creme de pentear que usava, tendo que improvisar, com água e um pente, uma maneira de corrigir o emaranhado de pelos em seu rosto.

— Deixa de frescura, Ernesto. Ninguém vai reparar nisso — argumentou, sem êxito, um subordinado que o acompanhava.

— Eu represento um país. Não posso ser visto em público desarrumado — gritou o chanceler de dentro do banheiro do avião.

A operação para pentear a barba atrasou em quase meia hora o desembarque, gerando questionamentos das autoridades que recepcionariam os visitantes.

Embora um tanto constrangedora, a situação não era segredo de Estado e foi revelada para os presentes, muitos dos quais, ironicamente, comentaram, em sussurros, a elegância do chanceler.

— *És muy chulo* — diziam, como que a justificar o atraso gerado pela vaidade do ministro brasileiro.

*

Quando Mourão chegou ao hotel em Lima, bateu à porta do quarto do chanceler sem avisar previamente, entrando, assim que o outro abriu, sem pedir licença:

— Meu chanceler — exclamou e apertou, com forçada efusão, mas com riso sincero, a mão de Ernesto, que, por sua vez, não conseguiu disfarçar certo incômodo.

— Eu pensei que o senhor não viria hoje, general.

— Desculpa se te decepcionei — redarguiu rindo, enquanto andava tranquilo pelo quarto, olhando para todos os lados.

Entrou na sala contígua e viu um rapaz debruçado sobre um enorme mapa da América do Sul, sobre o qual fixava dardos verdes, vermelhos, azuis e amarelos.

— Estão jogando *War*? — brincou Mourão, assustando o rapaz, que até então não tinha notado sua presença.

— Boa tarde, gener...

— Ei, espera aí — interrompeu Mourão, fazendo um gesto com a mão, mantendo-se, após repentino silêncio, inerte e deliberadamente sério. — Ernesto — disse após uma pausa — mande o pirralho sair, porque agora está na hora dos homens conversarem.

Ernesto olhava ora para o general, ora para o rapaz, em silêncio constrangedor.

Como não soube que atitude tomar, pronunciou algumas vogais — ã... é... — quando o rapaz se levantou e, exalando ódio, saiu.

Ao ouvir a porta batendo, Mourão com semissorriso nos lábios, com as mãos cruzadas para trás, se debruçou e passou a observar as peças sobre o mapa.

A cena que ocorrera imediatamente antes, não se sabe como, chegou aos ouvidos da imprensa, que divulgou, advertindo ser mera ilação, que a motivação do vice-presidente para expulsá-lo do quarto teria sido o fato de o rapaz, cumprindo ordens de um tal professor que vivia em terras estrangeiras, ter orquestrado ataques à sua pessoa dias antes.

Na cabeça de seus detratores, enxadristas amadores que eram, imaginou Mourão, os ataques à sua pessoa os tornariam mais fortes junto ao presidente, que findaria por privilegiá-los em divergências que já se anunciavam.

Naquela viagem, as brigas entre os militares que compunham o governo e o grupo do qual eram membros o chanceler, o ministro da Educação, entre outros, saíram da fase embrionária e se tornaram públicas e cheias de reviravoltas.

Na época, tudo estava nebuloso, e quase ninguém entendia o motivo de Olavo, o professor, que, de fato, era quem mandava no chanceler e, obviamente, no tal rapaz, se dedicar a promover ataques rotineiros contra o vice-presidente e outros militares que ocupavam cargos no governo.

Não era raro que o setor ligado ao professor se anunciasse como portador de um futuro grandioso, a ser atingido após uma abnegada cruzada contra o *establishment,* no âmbito do qual, segundo suas teorias, se encontravam também — além de quase todo mundo, excetuando eles — os militares.

Anunciava-se, pois, um bom combate intestinal.

Mas naquela missão, Mourão não teve dificuldades em sobressair.

Debruçado sobre o mapa, pegou uma peça verde e, quando ia mudá-la de lugar, a colocou de volta onde estava e perguntou:

— O Brasil é o verde, certo?

Ernesto, após uns segundos, respondeu positivamente com um gesto de cabeça, e Mourão moveu a peça e, aos poucos, foi mudando as demais.

— Esse mapa você trouxe para quê mesmo? Porque entrar na guerra nós não vamos — disse Mourão sem olhar para o chanceler.

— Mas a Venezuela posicionou mísseis S-300 na fronteira, general — argumentou Ernesto com insegurança.

— Você sabe que S-300 é míssil defensivo, Ernéscio?

— Ernesto.

— Foi isso que eu disse. Ernéscio. Você quer ir lá tirar os mísseis?

— O decreto 6.592 diz que, numa situação dessas, podem-se mobilizar tropas.

— Os vermelhos são quem? — interrompeu Mourão, olhando o mapa.

— Venezuela — sussurrou Ernesto de modo quase inaudível.

— Quem?

— Venezuela.

— Olha aqui, ó — disse Mourão sorrindo. — Vem cá, meu chanceler. Olha aqui. Desse jeito vocês iam perder facinho. Pra eles seria mais fácil tomar esse pedaço do norte — apontou para o oeste da parte de cima do mapa brasileiro — e depois fazer uma ofensiva em parceria com a Bolívia, que é aliada deles, rumo ao centro-oeste. Em menos de duas semanas nós já nem conseguiríamos mais contar nossas baixas e eles marchariam sobre Brasília.

Ernesto olhava para o mapa, catatônico. Deu o goto seco e finalmente falou:

— Mas antes de chegarem em Brasília, teriam que passar pelo Mato Grosso.

— Mas, Ernéscio — Mourão riu desavergonhadamente —, tu acha que os jacarés lá do Pantanal vão segurar as tropas invasoras? Tu acha que tem como mobilizar equipamentos e homens para segurar as tropas inimigas, com essa linha ferroviária ridícula que nós temos? — Fez-se silêncio. — Além disso, eles ainda contam com apoio da Marinha boliviana na retaguarda.

— Marinha bolivariana?

— Não. Bolivariana, não. Boliviana.

— Marinha boliviana?

— Sim, que certamente ia atacar pelo oeste.

— É, eu não tinha me dado conta disso — disse Ernesto, despertando uma estrondosa gargalhada do general.

— Estou te zoando, Ernesto. — Deu um tapinha nas costas do chanceler, que permaneceu inerte.

Mourão, no entanto, já havia se dado conta, àquela altura, de que Ernesto já dava como certa a declaração de guerra contra a Venezuela.

Provavelmente não havia medido as consequências, a começar pela desproporção nos efetivos de cada Exército, quesito no qual o Brasil tinha larga desvantagem, além do fato de grande parte do estado de Roraima depender da energia elétrica do país vizinho.

— Os Estados Unidos vão entrar na guerra do nosso lado, general — apelou o chanceler.

— Você acha mesmo que os Estados Unidos vão se meter nessa briga, Ernestinho?

— Se a Rússia entrar do lado dos venezuelanos, sim.

— Você está me dizendo que a Terceira Guerra Mundial vai começar aqui nessa bosta?

— A guerra é uma consequência natural quando a diplomacia fracassa.

— Então é melhor você pedir demissão — retrucou Mourão com irônica acidez.

Antevendo que a inflexibilidade do chanceler poderia comprometer o posicionamento do Brasil na reunião das representações dos países do continente, julgou que o mais adequado seria deixá-lo longe das discussões.

Mas como faria isso?

*

Quando se encontraram, no corredor do hotel, para irem à reunião, Mourão abordou Ernesto.

— Está sentindo, Ernesto? — disse respirando, como quem fareja.

— O quê?

— Um cheirinho de vagina?

— Cheiro de quê?

— Um cheiro de vagina — disse se aproximando do chanceler.

— É tua barba — falou após fungar próximo, mas sem encostar.

— De vagina, é? Como assim, de vagina?

— Vagina, Ernesto, não sabe o que é, não? Peraí, Ernesto, não vai me dizer... — gargalhou. — Tu é virgem, cara?! Não acredito — Mourão não conseguia parar de rir.

— Claro que sei o que é isso, general — falou Ernesto irritado.

— Sabe? Então tá bom. Mas, falando sério, tem um negócio estranho aí — disse Mourão apontando para o queixo do chanceler.

Ernesto voltou para o quarto e se trancou no banheiro, onde foi lavar a barba.

Não sabia, até então, que na véspera alguém havia trocado, em seu banheiro, o recipiente de sabonete líquido que usou para banhar-se por um sabonete íntimo feminino.

Jamais ficou esclarecido se a troca se deu por equívoco ou foi uma ação deliberada.

O fato, no entanto, é que, ao usar o produto e, mais tarde, tentar retirar seus vestígios com água, a barba do chanceler — e isso infelizmente não foi atestado *in loco* pelo narrador — ficou semelhante à desordenada cabeleira da Cláudia Ohana.

Ciente do que havia acontecido por ocasião do desembarque de Ernesto em Lima, Mourão entrou no carro que o levaria para o local da reunião, informando que, por motivo de força maior, o ministro brasileiro não se faria presente.

Ao chegar ao local da reunião, um bem-humorado adido de uma embaixada cujo país, a pedido, não será revelado, brincou com o vice-presidente brasileiro, aludindo ao episódio do desembarque de Ernesto:

— *¿Donde está el canciller de Brasil?*

— *Está atareado* — respondeu Mourão com cinismo.

— *Él és un hombre muy chulo* — comentou sorrindo o estrangeiro.

— E põe chulo nisso, meu jovem — disse Mourão com ar de troça, fingindo desconhecer o sentido do falso cognato, que em espanhol significa elegante.

Naquela ocasião, ninguém declarou guerra a ninguém.

Vélez contra o comunismo

Não sou muito de ver jornal, por isso não reconheci aquele velho que, ao descer do carro, com uma parte do corpo ainda do lado de dentro e a porta semiaberta, olhou, mais de uma vez, para todos os lados.

Veio em direção à porta caminhando rápido, sempre olhando ao redor como se temesse estar sendo perseguido.

Dois homens de paletós pretos com jeito de segurança o acompanhavam, e ele, em vez de passar indiferente a mim, como frequentemente fazem as outras pessoas ao verem o faxineiro, me olhou com ar severo e cochichou algo com um dos homens, que também me olhou e caminhou na minha direção.

— Encosta na parede, mão na cabeça — disse o cara antes de me revistar.

O coroa olhava para cada lugar da sala, apontava os cantos das paredes, dava ordens, e o outro sujeito ia verificar cada centímetro, como se procurasse algo.

O que estava me revistando, ao verificar que eu estava desarmado (obviamente estaria), pediu meu crachá.

Perguntou quanto tempo fazia que eu trabalhava lotado no ministério e havia quanto tempo estava trabalhando na terceirizada, que me colocara lá.

Perguntou o que eu fazia antes de ter esse emprego e eu disse que havia trabalhado, também como faxineiro, noutra empresa de locação de mão de obra.

Revistou meu material de trabalho: a vassoura e o carrinho, tirou uma amostra da água suja com um tubo de ensaio, que guardou no bolso do paletó.

Fez um gesto para o outro segurança, com quem trocou de função, e começou, do início, a vistoriar cada palmo da sala, enquanto o segundo veio até mim.

— Encosta na parede, mão na cabeça — ordenou o outro.

— Mas aquele cara ali acabou de me revistar.

— Encosta na parede e coloca as mãos na cabeça — disse ele com maior rispidez, pausando cada sílaba e apontando o indicador, como se fosse me dar um tiro com o dedo.

Obedeci, e ele repetiu a minuciosa revista que o outro já havia feito, mas obviamente não encontrou nada. Tirou outra amostra do balde de água suja com um tubo de ensaio, que guardou no bolso do paletó.

Mandou que eu ficasse num canto, com as mãos visíveis.

O outro cara se aproximou e falou que "aparentemente não tem escutas".

— Positivo.

— A ficha do cidadão aí — disse se referindo a mim — parece que não consta no arquivo.

— Eu não tenho passagem pela polícia, não, moço — falei me defendendo, e ambos me olharam de tal modo que nem precisaram me mandar calar a boca.

Naquela época eu já estava disposto a procurar melhorar de vida, tinha até sido aprovado no vestibular de uma faculdade telepresencial e ia começar a cursar pedagogia. Uma das coisas que me motivavam a querer mudar de profissão foi o fato de quase ninguém respeitar o faxineiro.

Há os que são indiferentes, os que são educados e os mal-educados. Quem respeite mesmo é difícil. Já viu alguém dando carteirada, se identificando como faxineiro para se livrar de tomar enquadramento da polícia?

E eu estava ali naquela hora, em pleno expediente, tomando uma dura daqueles caras que nunca tinha visto na vida, como se eu tivesse acabado de ser pego saindo de uma boca de fumo.

— Trabalho aqui há anos, doutor — falei. — Nunca nem vi vocês aqui. Queria ao menos saber do que estou sendo acusado.

Eles se olharam, um aguardando que o outro tomasse a iniciativa de responder.

Peguei a vassoura e eles deram um passo para trás como se temessem que eu fosse bater neles, mas os ignorei e continuei a limpeza.

Só aí notei que o coroa assistia, calado, a cena. Fingi que não o via e fui terminar meu serviço.

Horas mais tarde, meu encarregado me comunicou que o velho que chegou acompanhado dos seguranças era o novo ministro e que havia ordenado à sua equipe que revistasse todo mundo e se certificasse de que não havia escutas clandestinas no prédio.

— Ele é meio desconfiado — explicou o encarregado — e está querendo te interrogar.

— Como é?

— Ele ouviu algumas pessoas que trabalham aqui. Parece que ele quer se certificar de que não tem ninguém infiltrado.

— Infiltrado? Como assim infiltrado?

— Pelos comunistas, Quaresma. Tu é um cara que vai até fazer faculdade, mas às vezes parece que se faz de besta.

— E o que eu tenho a ver com diabo de comunista, Basílio?

— Tu parece que estuda pra ficar burro, Quaresma. Ele ficou meio cabreiro porque você desobedeceu uma ordem dos seguranças. Ele disse que isso revela em você uma tendência a ser subversivo.

— Agora lascou mesmo!

— Aí me chamou lá na sala dele e me perguntou se você era sindicalizado, ou se era filiado a algum partido. Eu disse que não, que você não se mete com essas coisas, que é um cara esforçado, preocupado em melhorar de vida, que vai até começar um curso universitário mês que vem.

— E ele?

— Ele ficou meio desconfiado, porque disse que as universidades estão cheias de comunistas e que por isso você desobedeceu os seguranças, porque você deve estar virando comunista já.

— Mas eu ainda não tive um dia sequer de aula, Basílio.

— Eu sei, eu sei. Eu até disse isso, mas ele falou que o problema já vem de antes e, quando os alunos fazem o vestibular, já estão tudo adestrado... Acho que foi isso que ele disse, estão adestrados pelos comunistas.

— Rapaz, então agora faxineiro do Ministério da Educação não pode mais estudar, porque estudar é coisa de comunista, é isso?

— Não, calma aí. Eu conversei com ele lá e você vai ajudar numa pesquisa aqui do MEC.

— Eu não vou ser demitido?

— Que nada. Relaxa. Ele quer fazer umas perguntas pra você, mas só semana que vem, porque vai chegar um aparelho aqui.

— Aparelho?

— É, um aparelho desses de fazer interrogatório.

— Como é que é?

— Tipo um detector de mentiras, sabe?

— Um polígrafo?

— Isso, acho que foi esse o nome que ele disse.

— Você tá falando sério, Basílio?

— Oxe, Quaresma. Você acha que eu ia brincar com um negócio desses?

— E pra que diabo ele quer interrogar o faxineiro, usando um polígrafo ainda por cima?

— Eu não digo? Você estuda pra ficar burro. Ele quer saber se você não é comunista. Mas relaxa, porque isso vai ser com todo mundo, mas com você, segundo eu fiquei sabendo, ele vai querer saber um pouco da realidade do ambiente acadêmico.

— Tá de sacanagem, não é?

— Estou falando sério.

— Mas você disse pra ele que meu curso é telepresencial?

— Falei, mas o homem tem método pra tudo. Ele vai querer saber como os comunistas estão recrutando gente nas universidades.

— Puta que pariu, Basílio. Me diga como caralho eu vou saber uma coisa dessas, homem?

— Aí já não é problema meu, Quaresma. Você questiona tanto as coisas, que já estou começando a acreditar que você tá meio comunista mesmo. Se o ministro souber disso, acho que a coisa vai complicar pro teu lado.

*

O interrogatório com uso do polígrafo não era bem um interrogatório. Parecia algo entre uma oitiva de testemunha em audiência e uma entrevista de emprego.

As revistas rigorosas, no entanto, continuaram até que um detector de metais e uma máquina de raios X, iguais àqueles dos aeroportos, foram instalados.

"Ele não confia muito em brasileiro", comentou alguém certa vez sobre o ministro, que era colombiano.

Após a minha oitiva, que foi acompanhada pelo coronel Ricardo, naquela época homem de confiança do ministro, seu xará, e uma vez provada minha inocência — pois eu me sentia acusado desde o primeiro dia —, Bruna, uma jovem vistosa e bem fornida, assessora do terceiro escalão, foi designada para me orientar sobre os formulários que eu teria que preencher periodicamente e sobre os relatórios que eu teria que redigir, para contribuir com a pesquisa que pretendia aferir como é o ambiente acadêmico brasileiro.

Passadas as orientações, a assessora resumiu, afirmando que "tudo que incentivar a subversão, ataques à moralidade, à família e ao presidente devem ser reportados".

Como eu não queria complicação, tratei de relatar, semanalmente, minha vida acadêmica, que se resumia no seguinte parágrafo, que eu copiava e colava: "Assisti aula de Didática 1, ou Alfabetização e Letramento" e daí por diante.

Tudo parecia ter voltado ao normal, quando mencionei, certa vez, que a faculdade havia recomendado a leitura de um paradidático.

A assessora, que monitorava minha vida acadêmica, elaborou um outro formulário e pediu que eu o preenchesse.

— Você vai ler esse livro e responder se ele descreve algo que possa ser compreendido como ataque à família, à religião, ao presidente ou a Deus. Caso a resposta seja positiva, você deve escrever uma redação especificando do que se trata.

Confesso que fiquei um tanto chateado com aquelas cobranças. Como se já não bastasse fazer os trabalhos da faculdade, agora eu, um reles proletário, era obrigado a redigir redações para o meu chefe.

Li o livro, que por sorte era bastante curto, e, para minha surpresa, constatei que a obra narrava não só um, mas dois ataques ferozes à família enquanto instituição, e isso era um aspecto determinante do enredo.

Naquele momento, dei razão ao ministro, que eu, até então, considerava paranoico, e pensei que tipo de profissionais as universidades, recheadas de comunistas — ali estava a prova —, formavam.

— O livro fala de um cara que matou o próprio pai e comeu a mãe.

— Como é? Que porra é essa? Nelson Rodrigues? — perguntou a assessora.

Expliquei que era outro autor, um com o nome esquisito, e detalhei o enredo. Sem disfarçar a satisfação, ela me fez crer que relataria para o ministro como se a descoberta de tal descalabro tivesse sido mérito dela.

— Você vai comunicar isso para o ministro?

— Imediatamente.

— E você acha que isso pode dar bronca lá pra minha faculdade?

— Olha, eu acho que ele vai mandar retirar o livro da lista dos recomendados e, caso haja descumprimento, deve aplicar alguma multa ou algo do tipo.

— Você vai dizer que eu que comuniquei o fato?

— Tá querendo aparecer? Olha só, isso é um fato muito grave. É muito pior que o kit gay. Já pensou se teu nome é divulgado como o denunciador e os caras querem te matar depois?

— Ah, tá certo. Então você vai assumir esse risco por mim, não é? — ironizei.

— Olha aqui, se você quiser, depois eu posso sugerir que o ministro te dê uma medalha de honra ao mérito, mas deixa eu fazer meu trabalho, porque eu sei como devo reportar isso ao ministro.

Como eu imaginava, Bruna, tomando o mérito da descoberta para si, comunicou ao ministro o ocorrido que, asseguram aqueles que presenciaram, ficou indignado:

— *Hijos de puta!* — exclamou.

Só depois que a determinação, por meio de portaria do MEC, de banir o livro do ambiente acadêmico foi publicada no Diário da União e repercutida pela imprensa, foi que dei graças a Deus por não ter sido creditada a mim a denúncia.

A imprensa, em uníssono, passou a semana inteira fazendo piada com o ministro, em razão de sua determinação para que *Édipo rei*, de Sófocles, fosse proibido.

— Quaresma, por causa dessa tua estultice, corro o risco de ser exonerada.

— Eu só fiz o que me pediram. O personagem mata o pai e se casa com a mãe. Tudo isso é revelado no final.

Bruna saiu fumaçando. Ao contrário do que previra, não foi exonerada por conta do ocorrido naquela ocasião, mas nunca mais voltou a sequer me dar bom-dia.

"Menino veste azul e menina veste rosa" ou "Vestido de noiva"

Muita gente achou estranho que eu, após um tempo sumido, desde que me desliguei da indústria de filmes adultos, ressurgisse nas redes sociais defendendo a restauração dos valores morais e dos bons costumes.

Os comentários, nos quais me chamavam de hipócrita, paulatinamente foram vencidos pela minha insistência em prosseguir diante dos ataques e foram numericamente superados, depois de certo tempo, por mensagens de apoio, nas quais muita gente me elogiava por ter mudado minha concepção de mundo.

As críticas, como é natural, continuaram, e muitos conservadores ainda me olhavam de soslaio, como se eu não tivesse dado provas o suficiente de que, agora, eu era um cara do time deles, comprando brigas homéricas no Facebook com os retardados da esquerda.

O que mais me incomodava na esquerda era a intolerância e violência que muitos de seus seguidores pregam contra quem diverge, como se o fato de pensar diferente te tornasse um sujeito de quinta categoria.

Por isso eu sentia muita vontade de meter a porrada nesses filhos da puta, que acham que só com violência as coisas se resolvem.

A direita limpinha, no entanto, insistia em me chamar de fraude e me olhava, de cima de suas gravatas-borboletas, com semblante desconfiado.

Era foda porque, apesar de ter conquistado popularidade o bastante para me eleger deputado federal, era como se, às vezes, eu fosse um intruso nesse meio, onde muita gente não me aceitava.

Do local de onde vim, por outro lado, eu era um renegado, pois muitos da *indústria*, ainda que nada tivessem de conservadores, faziam coro com aqueles que me chamavam de hipócrita oportunista.

Notei que as coisas estavam nesse pé quando, certa vez, avistei na rua um travesti com quem gravei algumas cenas no passado, e ele, sem nem fingir que não havia me visto, como é hábito fazer quando não se quer cumprimentar alguém, virou o rosto acintosamente no momento em que eu ia cumprimentá-lo.

Fiquei meio puto quando isso ocorreu, a ponto de desejar que esses veados todos tomem no cu, no sentido conotativo da expressão, obviamente.

Senti que, quanto mais eu deixasse claras as minhas opiniões, mais distante ficaria do meu passado, me consolidando, assim, como um dos expoentes defensores dos bons costumes no Brasil.

E foi por isso que comprei a briga quando a ministra Damares começou a ser atacada pela imprensa esquerdista.

Assim que assumiu o Ministério dos Bons Costumes, Damares chamou atenção da mídia após o vazamento de vídeo em que aparecia dizendo que "menino veste azul e menina veste rosa".

A imprensa passou a promover ataques a ela por conta da declaração, como se não fosse parte de nossa cultura, ao menos durante os primeiros dias de vida das crianças, não apenas vesti-las com tais cores, mas também decorar seus quartos com elas, identificando, de modo cromaticamente distinto, meninos e meninas.

Defendi também a ministra quando ela declarou que o governo deveria tomar providências contra a expansão das academias de CrossFit em solo nacional, sob argumento de que tal modalidade desportiva é coisa de bicha.

Argumentei, na época, que a medida sugerida pela ministra tinha escopo de resgatar os bons costumes e a família brasileira, sistematicamente atacada ao longo dos anos anteriores.

"Mas Frota, essa intervenção do Estado na iniciativa privada é inconstitucional", disseram-me alguns.

— Inconstitucional, meu ovo. Quando os governos anteriores davam dinheiro para aquele espetáculo de devassidão chamado Parada do Orgulho LGBT, ninguém criticava como intervenção indevida do Estado na formação dos valores da sociedade. Agora quando a ministra critica a prática de CrossFit, ou se diz preocupada com os banhos coletivos nos quartéis, é "Nooossa!" — disse eu certa vez numa entrevista.

Não tardou para que a ministra notasse minha atuação parlamentar e, embora não tenha dito nada publicamente, deixou evidente a simpatia por minha pessoa em mensagens que enviou à minha assessoria.

Agendei uma visita de cortesia ao ministério, que só se tornou possível após enfrentar injustificada burocracia, facilmente desatada quando decidi fazer contato direto com a titular da pasta, que, sem disfarçar a satisfação em me receber, agendou o encontro para a data imediatamente seguinte.

*

No dia marcado, cheguei ao ministério na hora combinada e fui recepcionado por um senhor mal-encarado, que usava um paletó daqueles de noventa reais e uma gravata desproporcionalmente grossa.

Ele me perguntou se eu havia agendado o encontro com antecedência:

— Falei com ela diretamente ontem — expliquei.

— Mas o certo é você agendar com a secretária, que é quem faz a agenda.

— Mas a ministra confirmou comigo que vai me receber hoje.

— Ela foi informada da pauta que o senhor quer conversar com ela?

— É apenas uma visita de cortesia. Qual é o nome do senhor?

— Olha, tenho quase certeza de que ela não vai ter tempo de recebê-lo. Ela está muito sem tempo para jogar conversa fora com esse negócio de visita de cortesia, com todo respeito — ironizou o velho enquanto revirava uns papéis sobre a mesa.

— Falei com ela não tem nem 24 horas, senhor. Como é seu nome?

— Mas, como falei, o certo seria o senhor marcar com a secretária.

— Qual o nome do senhor? Meu nome é Frota — falei estendendo a mão direita para cumprimentá-lo.

— Eu sei quem é o senhor. Não precisa dar carteirada aqui não — disse acintosamente. — Meu nome é Beneplácito. Presbítero Beneplácito — respondeu o velho, enfatizando o cargo sacerdotal, apertando minha mão negligentemente com a esquerda.

Nesse momento, a ministra veio até a recepção e, ao me ver, abriu um espontâneo sorriso, olhou-me ligeiramente dos pés à cabeça e convidou-me a entrar.

Abriu, qual cavalheira, a porta do gabinete para que eu entrasse, fechando-a logo em seguida atrás de si.

Ela me deu um abraço, me agarrando pela cintura, que era quase da altura de seus ombros, e eu senti seu perfume adocicado.

— Que satisfação te receber aqui — falou ela sorrindo.

— O prazer é todo meu, ministra.

— Já estava pensando que você não vinha mais.

— Eu cheguei na hora combinada, mas quase fui barrado na recepção.

— Sério? — perguntou a ministra com ar pensativo.

— Sim, o homem lá. Como é mesmo o nome dele?

— Presbítero Beneplácito.

— Isso. O Presbítero quase que me barra.

A ministra riu e, balançando a cabeça negativamente, disse, como se conversasse sozinha: "A essa altura do campeonato, ele ainda faz essas coisas."

— Pois eu vou te confidenciar uma coisa aqui, mas fica só entre nós, tá certo? — disse ela quase cochichando. — Vem cá — caminhou para o birô onde estava um computador. — Vem cá. Olha aqui o que o Beneplácito me mandou hoje, quando soube que você vinha aqui.

Exibiu umas fotos de um ensaio que fiz, no qual trajava um vestido de noiva.

Fiquei tão envergonhado que não sabia se pulava pela janela ou se voltava à recepção para cobrir o velho de porrada.

Quando ela sorriu ao olhar para as fotos, tive coragem de dizer que quem as enviou certamente pretendia semear a intriga entre nós.

— Sei que a senhora é bastante ortodoxa com esse negócio de roupa de menino e de menina, mas essas fotos aí são do tempo em que eu ainda era um degenerado.

— Eu sei — disse ela rindo.

— Não que eu fosse menina. Nada a ver. Foi um trabalho, que hoje eu certamente recusaria.

— Tipo os filmes que você fez?

— Mas como assim? Esse velho escroto também enviou os filmes pra senhora?

— Não, não. Ele não enviou — disse ela se levantando da poltrona e sentando em cima do birô, na minha frente. — Eu cheguei a ver alguma coisa a respeito.

— Como? — perguntei assustado.

— Todo mundo sabe dos filmes que você fez.

— Mas a senhora chegou a assistir?

— Na condição de pastora, você sabe que tenho que conhecer diretamente as tentações que Satanás espalha pelo mundo — disse passando as duas mãos pelo cabelo e eu pensei comigo que ela ainda daria um caldo. — Com que propriedade eu vou recomendar que minhas ovelhas não vejam certas coisas se eu mesma não averiguar? Um líder espiritual precisa conhecer o mundo, para saber do que se afastar e ficar mais próximo do Criador.

— A senhora pode pedir pra alguém trazer um copo d'água, por favor? — perguntei, meio estupefato.

— Claro — disse voltando para a poltrona e pegando o telefone.

Após alguns minutos, ela me chamou para uma sala anexa, onde uma funcionária terminava de pôr um *coffee break* sobre uma elegante mesa de vidro.

Só quando entrei me dei conta de que o tal do Presbítero estava lá dentro e não se retirou junto com a funcionária.

Ele me olhava de cara séria sem dizer nada e sorria toda vez que se dirigia à ministra. Num arremedo tosco de *O médico e o monstro*, mudava de personalidade sempre que se dirigia a mim ou a ela.

Quando eu já ia me servir um copo de suco, a ministra pegou minha mão e a dele, pediu para que fizéssemos um círculo e começou a orar.

Eles baixaram a cabeça, mas eu os olhava com o rabo de olho, quando, de repente, me deparei com os olhos dele sobre mim, o que me provocou um susto do capeta.

Sentamo-nos, os três, à mesa sem proferir mais nenhuma palavra.

A ministra, após uns breves segundos em silêncio, pediu que Beneplácito pegasse seu celular na sala contígua.

Assim que ele saiu, ela, adotando um ar mais descontraído, me confidenciou:

— Sabe por que ele ficou criando problema para você entrar?

— Por quê?

— Ciúmes — riu com a mão na boca.

— Como é?

— Ciúmes.

— De mim?

— É. Ele é a fim de mim, mas eu só amo ele como irmão em Cristo. Por isso ele está com ciúmes da gente — disse ela tampando o sorriso com a mão.

O homem retornou com o celular da ministra e eu, visivelmente intrigado, tomei meu suco em silêncio.

— Uma *selfie* — disse a ministra erguendo o celular, e tanto eu como o velho nos inclinamos para sair na foto.

Em seguida ela fotografou só a mim e ela, e o outro, que obviamente percebeu o ocorrido, quase me fuzilou com os olhos.

— Leva o celular pra lá, por favor, Presbítero — pediu ela, e, mais uma vez, ele obedeceu.

Quando ele saiu, tive a impressão de que ela tocou as minhas pernas por debaixo da mesa.

Nunca tive certeza se isso, de fato, aconteceu, mas na hora não me contive em aproveitar o que pensei ser a oportunidade ideal para afastar a desagradável presença do assessor.

— Manda esse otário sair daqui — cochichei, e ela me olhou surpresa.

— Hein?

— Esse cara aí — falei e olhei pra trás para me certificar de que ele não estava voltando. — Manda esse cara ir embora.

A ministra franziu o cenho e, a partir de então, não sorriu mais.

O homem retornou e ela disse, amavelmente, para ele se servir do lanche.

Os crentes geralmente comem muito lanche.

Ficamos os três, em silêncio, sem nos olhar, comendo bolo e bebendo suco.

Foram minutos muito demorados e eu fiquei em dúvida se devia ir logo embora, ou se terminava de comer.

Como ela não acatou minha sugestão de mandar o cara embora, supus, como o leitor já deve estar desconfiando, que minha imaginação já havia ido longe demais e achei melhor me despedir, assim que acabei de comer, antes de causar má impressão.

Cumprimentei ambos. Ela se levantou para apertar minha mão com um semblante tão sério que cheguei a ficar constrangido.

O cara, por outro lado, apenas disse "até mais ver", sem sequer me olhar.

Eu me imaginei esmurrando a cara do Presbítero, enquanto tentava digerir o fato de ele ter enviado à ministra as fotos do meu ensaio no qual eu usava vestido de noiva.

"Um otário desse não manja nada de arte nem de fotografia", pensei.

Menos mau que o vestido era branco, não rosa.

Um inimigo do povo

Inocêncio ficou surpreso ao ver as notificações em sua conta no Facebook, em número que superava, e muito, as interações habituais de seus amigos em suas publicações.

Acessou para ver do que se tratava e constatou — sem saber ao certo se consistia em uma brincadeira de mau gosto — que Tristão, seu antigo conhecido do bairro, havia postado três comentários em sequência.

"Bom é o Lula", dizia o primeiro.

"Então você quer que a maior quadrilha da história volte a governar o país?", dizia o segundo.

"Se dependesse de gente como você, o Brasil ia virar uma Venezuela", dizia o último.

O intervalo entre um comentário e outro era questão de segundos, como se, após publicar o primeiro, o autor tivesse um estalo, para complementá-lo, ocorrendo o mesmo após a publicação do segundo.

Pensou em telefonar para o autor dos comentários, mas preferiu relevar, concluindo, afinal, tratar-se de uma brincadeira.

Foi ao mercado comprar verduras, quando encontrou, na seção de hortaliças, seu Ambrósio, que conhecia da praça onde costumava se encontrar com os demais aposentados do bairro e com quem não tinha, até então, trocado outras palavras além de "bom dia", "boa tarde" e "boa noite".

— Comprando verduras, não é? — perguntou o outro, e Inocêncio, cordial, sorriu mecanicamente para tentar ser gentil, como habitualmente agia.

— O Brasil só consegue produzir essa fartura toda graças ao agronegócio — disse Ambrósio, e Inocêncio percebeu certa hostilidade na voz do homem.

— É, seu Ambrósio. Verdade — disse esperançoso de que sua anuência diminuísse a improvável antipatia do interlocutor.

— O que me deixa muito puto são esses vagabundos que invadem terra dos outros, sabe? Tipo esses que o senhor defende.

— Oi?

— Se eu soubesse que o senhor era desses, nunca teria nem lhe dirigido a palavra.

— Como é? — indagou Inocêncio com sincera surpresa.

O outro não falou mais nada antes de ir embora, e Inocêncio, com súbito desconforto, acabou nem comprando tudo o que a esposa lhe pedira.

— Esse pessoal está ficando maluco, Alzira — disse para a mulher assim que retornou para casa.

— Hein?

— O seu Ambrósio, sabe? Aquele senhor da rua de baixo? Encontrei com ele no mercado e ele me acusou de apoiar vagabundo que invade terra, Alzira. Logo eu, que nem saúde tenho mais pra estar no meio dessas coisas.

—- Mas como foi isso, Inocêncio? Foi assim, do nada? Alguma coisa você deve ter dito.

— Eu não falei nada, mulher. Era só o que me faltava. Mais cedo, o Tristão só faltou me chamar de comunista no Facebook.

— No Facebook?

— Foi, no Facebook.

— E por que ele disse isso de você?

— Foi numa publicação em que eu disse que o presidente, em quase trinta anos como deputado, teve uma trajetória medíocre.

— Mas pra que você foi dizer isso, homem? Você parece que não sabe como esse pessoal tá hoje em dia.

— Eu só disse o óbvio, Alzira. Vai me apedrejar agora porque eu disse o óbvio?

— Mas quem é você para julgar o homem, Inocêncio?

— Eu só disse, no contexto de uma conversa, que ele não conseguiu aprovar nem meia dúzia de projetos esse tempo todo. Foi só uma observação.

— Mas não tinha pra que fazer isso, Inocêncio. Deixa eu ver aqui a publicação — disse a mulher apanhando o celular do marido. — Caramba! Quatro comentários do Tristão.

— Quatro?

— É. "Bom é o Lula", diz o primeiro. Quer que eu leia os outros?

— Não.

— O seu Ambrósio também comentou: "Onde você estava durante a roubalheira do PT? Quem é mesmo o medíocre? Xingue-os do que você é."

— Eu nunca me meti em assunto de política, mas se na época eu já usasse esse negócio de Facebook, certamente teria comentado a respeito dos governos passados. Os caras agora vão querer me culpar pelo que não fiz?

— É porque tá todo mundo ainda no clima da campanha, com medo do PT voltar.

— Mas o homem já foi eleito, mulher. Pelo amor de Deus!

— Não sou eu que estou dizendo. Só estou te alertando que o pessoal ainda está meio exaltado com isso.

— Mas é muito sem sentido isso. Eu não declarei voto pra ninguém. Não defendi o PT, só mencionei um dado.

— Tem hora pra tudo nessa vida, amor. Não é hora de falar esse tipo de coisa.

— Não é hora de dizer o óbvio, é isso? Não posso dizer que dois mais dois são quatro?

— Poder pode, mas não deve. Não tá vendo aí o que estão dizendo de você?

— Agora o que me deixa mais assim é que o seu Ambrósio, por exemplo, até um dia desses era simpatizante do PT. Eu lembro que ele pedia voto pro PT e se dizia "lulista".

— As pessoas mudam, Inocêncio.

— Sim, as pessoas mudam. Ele discutia com qualquer um que falasse mal do Lula.

— É, tá vendo aí como ele mudou?

— Aham...

— Daqui a uns dias ninguém lembra disso. Mas se eu fosse você, apagava essa postagem.

*

Inocêncio relutou em concordar que tivesse cometido um erro ao expor sua opinião, que, insistia ele, nada mais era que a constatação de um fato.

Chegou a argumentar, mostrando provas documentais que confirmavam o que havia alegado, mas sua mulher, inflexível, pôs fim à discussão argumentando que a opinião do esposo em nada mudaria o modo de pensar dos outros.

— Não sei qual foi tua intenção ao publicar isso, mas o único efeito que isso pode provocar é esse que você tá vendo.

Inocêncio não respondeu e, mesmo sem admitir a si mesmo que estava protagonizando um ato de covardia, apagou, horas mais tarde, a publicação.

A atitude, no entanto, não teve o efeito esperado. Nos dias seguintes, teve a impressão de que alguns vizinhos o olhavam com semblantes de reprovação.

Foi então que, pressionado por tais circunstâncias, buscou algo para elogiar naquele personagem a quem outrora dirigira a crítica que gerou todo esse mal-estar.

A princípio, relutou em publicar um elogio, pois considerava um tanto descabido, mas após engolir em seco escreveu em seu mural: "Só há, neste momento, um homem capaz de pôr fim à roubalheira do PT."

Não tardou para que os amigos virtuais comentassem, para desgosto de Inocêncio, em tom de crítica: "Dê nome aos bois. Essa pessoa não tem nome? Por que a vergonha em dizer o nome?"

"Mas o que esse pessoal quer, afinal? Que eu vire garoto-propaganda do governo?", pensou.

Alguns dias após o ocorrido, Inocêncio se flagrou interrompendo pela metade uma frase que estava a escrever em seu mural do Facebook.

A publicação consistia numa civilizada crítica à decisão do presidente de se recusar a discutir diretamente com o parlamento os trâmites da reforma da previdência.

Inocêncio, sem refletir sobre suas razões, apagou o que havia escrito e, num segundo momento, se recusando a admitir que o medo da crítica o impedira de publicar o que pensava sobre o assunto, se pôs a pesquisar sobre o que os internautas falavam a respeito da postura do presidente.

Entre seus contatos, era unânime a avaliação segundo a qual o mandatário acertava em se recusar a articular pessoalmente a aprovação da proposta, partindo do pressuposto de que o termo "articular" era sinônimo de práticas espúrias.

"Se o presidente já entregou a proposta e os parlamentares sabem da importância dela para o país, não há mais o que discutir. Quem for contra a proposta é contra o Brasil. Querem que articulem o quê? Querem cargos e dinheiro, é isso?", disse certo analista chapa-branca, reproduzindo a palavra de ordem da vez.

Inocêncio ponderou o argumento e concluiu que, de fato, nele havia algum sentido e, aí sim, avaliou sua decisão de interromper a frase que antes estava a redigir e concluiu que decidir não publicá-la era prudência, não covardia.

"A proposta está na mesa. O que os deputados querem articular? $$$$", publicou.

As reações — agora de concordância — não tardaram.

Inocêncio fez mais duas ou três publicações, dessa vez criticando a "velha política do toma lá dá cá", também despertando reações de apoio, chegando, enfim, a elogiar a lisura com a qual o presidente vinha conduzindo a discussão sobre a reforma.

Naquela tarde, foi à praça encontrar os conhecidos de bairro e nenhum mencionou o mal-estar de outrora, uma vez que suas mais recentes declarações evidenciavam de que lado ele estava, conforme a visão maniqueísta, se assim podemos chamá-la, de seus vizinhos.

Para que não pairasse qualquer dúvida sobre seu posicionamento, criou coragem e, pela primeira vez, utilizou o termo que acionava o gatilho mental dos demais, que o reconheceriam, de uma vez por todas, como um dos seus:

— Gostei quando o Mito se recusou a ir sentar com esses achacadores do congresso.

Aquela palavra mágica era também uma declaração de adesão total e irrestrita, ressalvadas as vezes que era dita com ironia, o que certamente não era o caso.

Foi a partir de então, numa lenta e incessante transformação, que Inocêncio substituiu a recalcitrância inicial, aquele orgulho infantil que o levava a querer dizer o óbvio — ainda que soubesse que era inoportuno fazê-lo —, por uma improvável vontade de deixar de ser visto como "um inimigo do povo", como no drama de Ibsen.

Inocêncio migrou da discreta crítica para o reconhecimento de certas virtudes e, após, para o elogio escancarado, embora insincero e quase sempre desproporcional.

Chegou, ao fim, a criticar de forma mordaz quem, assim como ele fizera outrora, esboçasse alguma crítica ao presidente, ainda que discreta.

Sua esposa notou a transformação, mas não se opôs no primeiro momento — pelo contrário — uma vez que o clima hostil de outrora foi substituído por tapinhas nas costas e elogios à sua patriótica *coragem*.

Seu julgamento, no entanto, mudou um pouco, e ela se questionou se as coisas já não estavam indo um pouco longe demais, quando seu marido, de alvo que fora, passou a ser pedra, acusando, nos menores deslizes, os detratores, reais ou imaginários, do "Mito".

Tarde demais para pedir
bom senso

As coisas não estavam boas para o ministro Vélez, desde que decidiu se insubordinar contra seus subordinados.

Sim, porque seus subordinados compunham um segmento que se consolidara se arvorando a tarefa de "reconstruir a alta cultura brasileira", cujo líder exercia grande influência sobre o presidente da República.

Desde que o ministro remanejou as funções de alguns e demitiu outros, passou a ser alvo de ferinas críticas de tal grupo.

Tais críticas resultaram numa medida, por parte do presidente, que faria qualquer pessoa de bom senso pedir demissão da pasta.

Mas era tarde demais, àquela altura do campeonato, pedir bom senso a Vélez.

*

— Sinto muito, ministro, mas o senhor não está autorizado a demitir nem nomear ninguém — informou um assessor, ao receber, do ministro em pessoa, o comunicado sobre a exoneração de um servidor de cargo comissionado do quinto ou sexto escalão.

— *¿Perdón?* — disse, incrédulo, Vélez, imaginando haver compreendido mal o português do interlocutor.

— O presidente, senhor ministro, proibiu o senhor de nomear ou demitir qualquer pessoa.

— *Hijo de put...*

— Perdão, ministro?

— Nada. Non me refiro ao presidente — disse com sotaque carregado, enquanto ruminava sobre a motivação do presidente para tomar medida tão drástica.

Vélez não havia se dado conta de que a briga intestinal, dentro do ministério, em torno dos cargos do segundo e terceiro escalões, o levaria ao isolamento, sob a alegação de que ele — o ministro — estaria a flertar com o obscuro *establishment.*

Como o conceito de *establishment* era impreciso, tudo e nada poderiam se encaixar nele, a depender de quem era o sujeito emissor da mensagem.

Então, sempre que algo desagradava o líder dos seus subalternos no ministério, que de longe emitia palavras de ordem que condicionavam cada passo de seus liderados, o termo "*establishment*" era acionado, como um apito, elegendo aliados e inimigos fatais entre aqueles que, até pouco tempo, ombreavam na mesma trincheira e eram considerados parceiros.

Vélez, no caso, foi acusado de se render ao sistema. Não se sabe bem ao certo o motivo de tal alegação, pois é ponto pacífico entre todos os que viveram, sem paixões, aqueles dias que absolutamente nada, ação alguma à frente da pasta que cuidava da educação brasileira fora protagonizada por ele.

Se nada havia executado, a afirmação de que seu projeto servia a alguma causa — aliada ou inimiga — era, no mínimo, inconsistente.

A acusação, no entanto, partindo de alguém que, para aqueles que o seguiam, tinha autoridade para identificar traidores de sua causa — que nunca ficou suficientemente clara qual era —, mobilizou as peças do tabuleiro de modo que, antes mesmo de o presidente vetar os poderes de nomear e demitir do ministro, já era evidente seu isolamento.

— *¿Que hacer?* — pensava Vélez, diante de calhamaços de documentos com relatórios sobre orçamentos, planilhas, gráficos, dados etc., com base nos quais deveria formular um plano de metas, mas que não tinha ideia de por onde começar.

Como se já não bastasse a incapacidade de planejar algo à frente da pasta, a conspiração dos subordinados tomava substancialmente seu tempo, de modo que chegou próximo a concluir que aquelas pessoas em quem, em certo momento, depositara alguma confiança estavam, na verdade, a serviço de seus inimigos.

Neste ponto, a interpretação dos fatos realizada por correligionários dos lados que, aos poucos, se revelavam antagônicos era praticamente a mesma: ambos criam ter sido incumbidos pela história de combater o sucateamento da educação, promovido deliberadamente pelos governos passados, que assim fizeram para que tal cenário possibilitasse o adestramento dos jovens e o recrutamento de militantes para as organizações comunistas.

Sob tal ótica, ambos os lados em atrito acreditavam que qualquer obstáculo ou divergência com seus planos sinalizava simpatia para com o plano macabro da esquerda orgânica.

Um achava que o outro, portanto, trabalhava para o inimigo comum.

Foi aí que Vélez decidiu intensificar o plano que acreditava ser prioridade, cujo objetivo era combater os comunistas.

Em verdade, embora genericamente soubesse qual era sua meta, Vélez, por mais que se esforçasse, não conseguia formular padrões táticos ou estratégicos para alcançá-la.

Várias pessoas afirmaram tê-lo visto em seu gabinete espremendo a cabeça entre as mãos, como se tentasse desesperadamente extrair, em vão, alguma ideia.

Não tardou, no entanto, para que ele anunciasse aquela que consideraria como sua primeira grande medida à frente do Ministério da Educação:

Determinou, por meio de um ofício, que o hino brasileiro fosse entoado em todas as escolas, nas quais deveria ser lida uma nota de sua autoria, que terminava com o slogan da campanha eleitoral do presidente.

Tudo seria filmado e os vídeos deveriam ser encaminhados para o MEC.

A recomendação, disseram alguns, parecia coisa de maluco. Parecia?

*

— Isso aí é *fake news* muito da malfeita — exclamou o diretor quando o coordenador pedagógico leu um trecho de uma nota oficial atribuída ao ministro da Educação.

— Deixa eu ver esse negócio aqui — disse, pegando o papel. — Olha só, escutem aí: "Durante sua vida como docente, o ministro da Educação sempre ensinou e defendeu a pluralidade e o debate de ideias, recusando-se a adotar métodos de manipulação da informação, desaparecimentos de pessoas e de objetos, que eram próprios de organizações como a KGB, que na década de 60, quando da sua fuga do Brasil para a Rússia, protegeu e forneceu identidade falsa para o colunista de *O Globo*."

As gargalhadas ecoaram na sala dos professores e foram ouvidas até pelos alunos no corredor.

— Os meninos aqui, da quinta série, escrevem melhor que isso, Licurgo.

— Mas estou falando sério mesmo. Esse documento aí foi publicado pelo MEC — defendeu-se o coordenador, diante dos olhares céticos dos colegas.

— Ainda que o português fosse escorreito, um ministro só publicaria um conteúdo desses se fosse doido — argumentou o diretor.

— Sem contar o fato de o texto estar todo em caixa-alta, mal formatado, completamente fora das normas do Manual de Redação da Presidência da República — complementou a professora de gramática.

— Se o homem é doido eu não sei, mas que publicou isso aí, publicou — insistiu Licurgo.

Algumas semanas depois, Licurgo, convocado à sala do diretor, o encontrou sentado sorridente, na presença de alguns professores.

"Tá aí ele, ó", comentou alguém.

— Isso aqui é coisa tua, não é, Licurgo? — perguntou o diretor entregando um papel. — Leia em voz alta, por favor — pediu com simpatia.

— "Brasileiros! Vamos saudar o Brasil dos novos tempos e celebrar a educação responsável e de qualidade a ser desenvolvida na nossa escola pelos professores, em benefício de vocês, alunos, que constituem a nova geração. Brasil acima de tudo. Deus acima de todos!" — fez uma pausa após terminar a leitura. — Que diabo é isso?

— Deixa de sacanagem, Licurgo. Você que inventou esse negócio aí pra trollar a gente. Diz a verdade.

— Eu não.

— Pode dizer. Todo mundo gostou da piada.

— Eu não fiz isso. Tenho mais o que fazer, ora.

— Como assim? Não foi você que fez isso, não? Todo mundo aqui pensou que era uma brincadeira tua, igual àquela história da KGB.

— Eu é que não ia perder meu tempo fazendo um negócio desses. E aquela história da KGB é verdade. Vocês são muito desinformados.

Após mais um momento de quase total silêncio, o professor de educação física, que não havia falado nada até então, ergueu o celular e gritou, como se anunciasse uma grande descoberta:

— Eita, caralho. É verdade mesmo esse documento. Mandaram para todas as escolas.

— Sério? — perguntou o diretor, tentando tirar o seu celular do bolso da calça.

Cada um dos presentes consultou as notícias sobre o tal documento em seus respectivos telefones e, após breves comentários sobre o quão surreal era aquilo, todos olharam para o diretor, como que a esperar uma orientação.

Ele, no entanto, olhando um ponto qualquer na parede e com a testa mais enrugada que o habitual, falou:

— Caramba. Ele é doido mesmo.

*

Foi somente após o escândalo provocado por aquela que ficou conhecida como a "Nota do MEC sobre a KGB" e o fracasso da recomendação sobre o hino nacional que o ministro anunciou que pretendia mudar a versão dos livros de história sobre o período militar.

A intenção do ministro era que constasse nos livros a versão segundo a qual o governo militar não havia sido uma ditadura.

"Só quem alega ter sido perseguido é que vai discordar dessa versão, porque quem não fazia nada de errado naquele tempo não tinha problemas com o governo e com a polícia", digressionou. "Quem insistir que o regime militar foi uma ditadura certamente é comunista", concluiu, planejando identificar eventuais críticos da proposta para, após listá-los, pedir suas cabeças ao presidente.

Imaginava ele que, sem dúvida, encontraria muitos "vermelhos" nas universidades públicas, mas um risco igualmente ou até mais preocupante seria o fato de ter tal tipo de gente compondo o governo ao qual servia.

Pior: poderia descobrir se, de fato, aqueles com quem disputava a incessante queda de braço interna eram confiáveis ou se revelariam marxistas dissimulados.

"É o modo mais eficiente de ganhar essa disputa interna e fazer uma depuração nas instituições de ensino, caso eles se autodenunciem", pensou.

Tal plano, no entanto, também naufragou, pois, desde o primeiro momento em que o anunciou, passou a ser alvo de crítica dos próprios militares, que consideraram descabida tal medida.

"Vamos deixar 1964 em 1964", declarou um general à imprensa naquela semana.

"El ejercito de Brasil está lleno de comunistas", teria desabafado com alguém.

Quando sua demissão já era tida por toda imprensa como inevitável, somente inócuos e inusitados planos tinham sido as realizações de Vélez à frente do Ministério da Educação.

Ao receber a já aguardada notícia de sua demissão, Vélez desabafou, em portunhol fluente, com certa pessoa com quem tinha amizade à época:

— *Brasileño non es confiable. Honestamente, non entendo el motivo de minha demissión. Yo non fiz nada.*

Pode, sim

Ninguém entendeu quando Suetônio correu na direção do professor Ataúde, sorrindo, e gritou "Pode, sim, professor. Pode, sim".

*

Naquele tempo, eram raros os médicos naquela região interiorana, por isso que o anúncio do prefeito Himeneu, de que brevemente chegaria um à cidade, foi feito num showmício em praça pública, com fogos de artifício e apresentação de bandas.

Na sala de sua casa, Suetônio, líder político da oposição, aumentou o volume do rádio para não ser obrigado a ouvir o som da festa, mas, sendo em vão, desligou o aparelho e monologou, diante da esposa, como se conversasse com ela.

— Esse cabra safado quer se reeleger prefeito e vai acabar conseguindo, enganando esses trouxas com essa história de trazer esse médico.

A chegada do profissional à cidade era ansiosamente esperada, sobretudo porque, pouco antes, três moradores da zona rural tinham contraído cólera, chegando a óbito por não serem atendidos a tempo, embora a ambulância os tenha levado ao hospital da capital.

A ambulância, no caso, pertencia a Suetônio, que, conduzindo enfermos para os hospitais da região e da capital, nos casos mais graves, consolidou, a partir de tal atividade, seu patrimônio político.

Pretendia candidatar-se a prefeito no pleito que se aproximava e a falta de assistência médica na cidade, somada ao fato de ser dono da única ambulância da urbe, o credenciava como o pré-candidato mais forte.

Quando surgiram os três casos de cólera, Suetônio, em silêncio, comemorou.

Não que torcesse para que virasse uma epidemia, pois, em tal caso, muito de seu eleitorado provavelmente morreria, mas a incidência de alguns casos pontuais ajudaria a deixar mais evidente ainda quão indispensável ele era para o município, devido à inoperância das autoridades locais.

O anúncio da chegada do médico, no entanto, foi um duro golpe no seu futuro político, e ele, durante dias, pensou como poderia contornar tal situação.

Tudo parecia perdido, até que lhe foram reveladas duas informações preciosíssimas.

*

Não tardou para que os correligionários de Suetônio descobrissem que o médico que acabara de chegar ao município, o recém-formado doutor Viriato, era sobrinho do então secretário de Administração da gestão municipal.

Tal fato foi logo revelado, pois era do conhecimento de todos que o secretário tinha um irmão que havia muitos anos morava para as bandas de São Paulo ou do Rio, provavelmente pai do recém-chegado.

Além disso, o médico se hospedou na residência do referido secretário, demonstrando, muitas vezes publicamente, que havia entre eles uma instantânea e superficial intimidade — com perdão do paradoxo — muito comum entre parentes distantes que se reencontram após anos.

Descobriram também que o rapaz havia se formado numa faculdade boliviana, não reconhecida pelo Ministério da Educação brasileiro, o que poderia impossibilitá-lo de clinicar em solo brasileiro, para alegria dos opositores do prefeito.

Suetônio comunicou o fato ao Conselho Regional de Medicina, ressaltando que, provavelmente, o diploma do médico não o credenciava para exercer a profissão no Brasil.

Para sua frustração, o Conselho nem sequer instaurou procedimento administrativo e informou que o rapaz havia revalidado o diploma, o que lhe permitiria clinicar.

Vendo fracassar sua primeira carta na manga, chamou para conversar os dois vereadores que formavam a bancada de oposição no parlamento municipal, onde havia o total de nove vereadores, e os orientou a denunciarem o que chamou de nepotismo, haja vista o vínculo de parentesco entre o médico e um membro do primeiro escalão do poder executivo local.

— Mas, Suetônio, se a gente fizer um negócio desses, o médico vai embora e o povo vai ficar com raiva de nós — argumentou um dos parlamentares.

— Se ele não for embora, Himeneu vai acabar sendo reeleito. Capaz de vocês nem se reelegerem vereador.

— Se a gente comprar briga para expulsar o médico, aí é que a gente não se elege mesmo — argumentou o outro parlamentar.

Vencido na argumentação, Suetônio informou que, em razão da divergência, sua ambulância não atenderia mais as necessidades do eleitorado dos dois, agora, ex-aliados.

Nos dias que sucederam, sempre que era procurado por moradores dos distritos considerados bases eleitorais dos vereadores com quem havia se desentendido, Suetônio mandava-os procurar "seus vereadores", alegando que "por culpa e decisão deles mesmos" não ia mais prestar assistência a nenhum eleitor de tais agentes políticos.

Como já era de se imaginar — embora Suetônio não tivesse se dado conta dessa obviedade —, um único médico não era capaz de suprir toda a demanda da localidade. Percebendo, afinal, que potenciais eleitores ainda o procuravam, Suetônio se reanimou para voltar a planejar sua candidatura a prefeito.

"Suetônio da ambulância — o prefeito da saúde" seria seu slogan, não fosse o fato de os vereadores que outrora eram seus correligionários terem denunciado, na tribuna do parlamento municipal, que ele, Suetônio, havia feito de tudo para tirar o médico da cidade, preocupado como os dividendos políticos que a presença de tal profissional traria para o grupo situacionista.

— Um cabra desses ainda tem coragem de dizer que vai ser o prefeito da saúde — ironizou um vereador, aparteando um colega de bancada.

Suetônio negou a acusação, até que certo dia, sabe-se lá como, o líder da bancada de situação exibiu na sessão o protocolo do comunicado que o então pretenso pré-candidato de oposição havia feito no Conselho Regional de Medicina.

Foi a pá de cal em sua candidatura.

*

Se alguém estivesse na antessala, provavelmente escutaria quando, de dentro da reunião, professor Ataúde gritou "Absurda!", referindo-se à proposta apresentada por Suetônio.

— O senhor vai me desculpar, Suetônio, mas essa proposta é absurda — comentou.

Seu Ataúde, professor aposentado da rede municipal de ensino e único redator do *Diário da Manhã* — jornal de oposição, que era publicado semanalmente, apesar do nome —, havia sido convidado para aquela reunião por Suetônio, que, na presença dele e de alguns aliados, propôs, sem arrodeios, que ele escrevesse uma matéria que afirmasse que o incidente envolvendo o médico, quase quatro anos atrás, tinha sido provocado pelo prefeito, que findou sendo reeleito e finalizava seu segundo mandato consecutivo.

Esse foi o motivo de seu Ataúde ter tachado a proposta como absurda.

— Mas o que tem de absurdo nisso, professor? — perguntou Suetônio com sincera incredulidade.

— Como você quer, Suetônio, que eu diga uma coisa que todo mundo sabe que é mentira?

— Quase ninguém lembra mais disso, seu Ataúde.

— Se eu fizer um negócio desses, o jornal da situação vai acabar com minha reputação. Vão inventar até podre que não tenho.

— Mas, professor, é só uma interpretação dos fatos...

— Que interpretação que nada. É uma mentira. Uma "interpretação" — fez o gesto de aspas com as mãos — que contrarie os fatos é coisa de doido. Eu não vou me prestar a esse papel.

— Professor, parece que você não sabe que, depois que o tempo passa, qualquer versão pode ser verdade.

— *In claris cessat interpretatio...*

— Fale em português, homem de Deus. Não tenho tanto estudo quanto o senhor.

— Tem coisas que nem cabe interpretação. O que você quer é reescrever a história.

— Como assim, homem de Deus? Não precisa falar bonito. Qual o problema em divulgar minha versão dos fatos? Se a gente não fizer isso, minha candidatura vai ficar prejudicada de novo, pela segunda eleição consecutiva. Meus adversários só falam nisso pra me queimar até hoje.

— Não se pode reescrever o que passou. O problema é que a tua versão é uma mentira.

— Não é mentira se todo mundo pensar que é verdade.

*

Suetônio ainda não havia decidido que rumo sua carreira política tomaria.

Na dúvida, manteve a assistência que costumava prestar utilizando sua ambulância — exceto para quem fosse eleitor de algum desafeto — pois não queria perder, de uma vez por todas, o exíguo eleitorado potencial que ainda lhe restava.

A alegação de que ele, anos antes, tentou articular para que o município ficasse desprovido de assistência médica ainda repercutia muito mal, e era algo capaz de inviabilizar sua vitória nas urnas caso voltasse a ser tema do debate político.

Como o único jornal de oposição havia se recusado a publicar uma matéria desmentindo a autenticidade do documento que comprovava que Suetônio havia representado o médico no CRM anos antes, sempre que seus detratores mencionassem tal fato, a resistência a seu nome aumentaria.

Na cidade só havia dois jornais: o de oposição, cuja periodicidade se tornava cada vez mais espaçada, por falta de verbas, e o da situação, que recebia verba publicitária da prefeitura e da Câmara municipal, cuja mesa era comandada por vereadores governistas.

O pudor excessivo de seu Ataúde poria fim ao seu sonho de disputar a prefeitura?

Será que não se podia mesmo reescrever o que havia acontecido?

Foi nesse contexto que Suetônio viu ser noticiada uma medida do então ministro da Educação, que pretendia reescrever os livros de história, para que neles constasse a versão de que o regime militar não havia sido uma ditadura.

Apesar do tom de crítica da matéria, Suetônio só conseguia raciocinar que, se um ministro pode reescrever a história do país, "qualquer jornal aqui, desta bosta, pode reescrever sobre esse caso do médico".

Foi então que partiu para a rua e, diante de olhos curiosos, gritou, ao ver seu Ataúde de longe, "Pode, sim, professor. Pode, sim".

O inquisidor

Naquele tempo, nosso então colega de farras Porfírio era *influencer* no Facebook.

Na rede, ele usava um perfil chamado *O inquisidor*, dedicado a denunciar pessoas "infiltradas na direita", como ele próprio gostava de dizer, mas isso nós só descobrimos tempos depois, quando a convivência com ele já havia se tornado insuportável.

Cria ele que aquele momento da história era decisivo para o país, sempre mencionando a imagem de uma encruzilhada, diante da qual havia chegado a hora de decidir que rumo seguir.

— Não existem mais outras opções: ou retomamos os trilhos e rompemos de uma vez por todas com o marxismo, ou o país está perdido.

Entre seus amigos, era unanimidade a antipatia pelo marxismo, motivo pelo qual ninguém se importou quando Porfírio passou a indicar a presença de tal ideologia, ainda que nas entrelinhas, no pensamento alheio.

Certa vez, numa conversa de bar, alguém chamou, de modo pejorativo, os movimentos sindicais de "pelegos".

Porfírio interveio, ressaltando primeiramente compreender que a intenção daquele que havia proferido tal termo era ofender os "esquerdopatas" — como ele sempre costumava dizer —, mas frisou que aquela palavra era "eivada de marxismo".

— Pelego é uma pele de carneiro com lã — explicou — que é colocada sobre os arreios do cavalo para diminuir o atrito quando alguém monta. O outro sentido do termo foi criado para designar o sindicalista que se coloca entre o patrão e o empregado para, atenção agora — levantou o dedo indicador —, diminuir o atrito entre as classes sociais. Ou seja, o termo parte do pressuposto de que as classes sociais estão em luta, luta de classes, entendem? E o pelego seria nocivo, segundo o sentido conferido a essa palavra, por atrapalhar o atrito entre as classes.

É fato que todo mundo achava muito chato esse tipo de observação do amigo, mas ninguém imaginava que a coisa pioraria, quando, além do marxismo, Porfírio começou a enxergar evidências de "socialismo fabiano" nos outros.

— É algo muito sutil, porque o socialista fabiano quer transformar as coisas a longuíssimo prazo — disse certa vez ao criticar um conhecido que, tentando refutar a imputação de ser "idiota útil da esquerda", afirmou que jamais havia votado em candidatos de esquerda.

— Às vezes você vota no adversário, achando que não está sendo de esquerda, mas isso pode ser só estratégia das tesouras da própria esquerda, para fortalecer as pautas deles como se fossem as únicas — retrucou diante da resposta do outro, que desistiu de prosseguir na conversa a partir de então.

Nesse período, Porfírio já estava quase se tornando uma *persona non grata* entre os amigos, pois sempre enxergava política em tudo e, pior, enxergava indícios de antagonismo ideológico nas mais discretas afirmações, como, por exemplo, reconhecer que os militares promoveram a censura ou dizer que o filho do presidente Bolsonaro foi eleito uma vez na mesma coligação do PT.

As coisas pioraram ainda mais quando ele, que já nem era mais convidado para nada, começou a passar o dia criticando o que chamava de "isentão".

Esse termo servia para designar aquele que não tinha partido, o que, segundo ele, nada mais era que um modo de dissimular o "esquerdismo".

— Se há uma guerra e você não assume um lado, é porque está do lado inimigo — argumentou certa vez num grupo de WhatsApp.

— Mas o "inimigo" pode pensar do mesmo jeito que você, não? — questionei.

— Ele que se foda.

— Mas se ele pensar do mesmo jeito que você, quem está certo?

— Se ele adere ao que defendo, não é mais meu inimigo.

— Estou me referindo a abster-se de tomar partido.

— Como?

— Se me torno adepto do lado inimigo ao não tomar partido e o inimigo pensa a mesma coisa a meu respeito exatamente por esse motivo, eu estou de que lado afinal?

Alguém postou um meme qualquer nessa hora e a conversa não pôde prosseguir. Privadamente, todos concordavam que

Porfírio havia se tornado chato pra cacete, mas torciam para que logo ele voltasse ao normal.

A torcida, no entanto, não o impediu de eleger novos inimigos, passando a criticar, dessa vez, o "positivismo" como causa de todos os males:

— Esse tecnicismo, que subestima a política como algo menor, é o que possibilitou, ao longo do regime militar, que a esquerda ganhasse hegemonia nas universidades.

— Mas Porfírio, o problema, até um dia desses, não eram os marxistas? — questionei e ele se pôs a pensar.

— O problema é que o positivismo permitiu o crescimento do marxismo.

— Mas então o que você chama de positivismo não é um mal em si?

— É, na medida em que permite que o marxismo cresça.

— Mas você mesmo dizia, e eu discordava, que os militares tinham livrado o país dos comunistas...

Nesse momento, Porfírio enviou um áudio de quase três minutos, explicando seu posicionamento a respeito do tema em discussão, mas provavelmente ninguém ouviu e a discussão minguou.

Um membro do grupo, alguns minutos mais tarde, enviou *prints* antigos, nos quais Porfírio afirmava que os militares tinham sido a salvação do país, em contradição com o posicionamento atual, segundo o qual eles haviam facilitado "a vitória da esquerda na guerra cultural".

Porfírio, após silenciar durante alguns dias, saiu do grupo e por um bom tempo ninguém teve notícias dele.

Tchutchuca

Certa vez, um deputado federal da oposição causou tumulto ao chamar, em plena Comissão de Constituição e Justiça, o ministro da Economia de "tchutchuca".

Cenas de baixaria não eram inéditas no parlamento brasileiro, mas até mesmo para aqueles mais acostumados com o nível do debate na nossa "câmara baixa", aquela adjetivação pareceu esculhambada além da conta.

Não foi assim, no entanto, que os simpatizantes da oposição interpretaram o evento.

E naquela noite, quando o ministro Paulo Guedes, à mesa do boteco na companhia de dois amigos, tocou no assunto, o único que opinou a respeito tinha opinião contrária à sua.

— Essa palavra aí é gíria comum no Rio de Janeiro, Paulão.

— "Filho da puta" também é uma expressão bem comum em solo nacional, Artêmio, mas nem por isso um deputado deve usar esse tipo de expressão em público, ainda mais se dirigindo a um ministro de Estado — retrucou.

— Mas é diferente. Tchutchuca é uma figura de linguagem que nem sempre é depreciativa. Dependendo do contexto, pode ser até um elogio.

— Grande elogio, hein?! Não sei o que essa palavra significa no teu dicionário, mas no meu, coisa boa não é.

— Naquele contexto lá, ministro, o cara quis dizer que o senhor é dócil, entende? Eu sei que é meio estranho, mas não era motivo pra entrar naquela discussão, colocando em risco a aprovação da reforma. Além disso, o cara é filho de um presidiário. Você espera o quê dessa gente?

— Esse pessoal já vai votar contra de qualquer jeito, Artêmio. Não dava pra engolir aquilo calado.

— O certo era fazer o que então? Ficar batendo boca com deputado do PT?

— Não, aí também já é demais. Confesso que me excedi um pouco. Mas deve-se reconhecer que foi uma puta de uma grosseria da parte daquele filho da puta.

— Sim, isso foi. Todo mundo tá dizendo que pegou mal pra ele. Ficaria pior ainda se o senhor não tivesse entrado nessa discussão.

— Só quem tá dizendo que pegou mal pra ele é quem simpatiza com o governo. Esse pessoal da oposição, os caras que apoiam o PT incondicionalmente estão me zoando na internet.

— Sim, o que esperar desses caras? Não vou nem entrar nesse mérito. Só estou dizendo que aquela reação, quando o cara chamou o senhor de tchutchuca, foi desproporcional.

— E você queria o quê? Eu só devolvi o xingamento. Queria que eu agradecesse?

— Mas o senhor meteu a mãe do cara no meio, Paulão. Aí é foda. É a mesma coisa que ter chamado o deputado de filho da puta.

— Nada disso. Eu peguei até leve. O cara é filho de um presidiário, Artêmio. Você não disse que tchutchuca é elogio? Eu disse que tchutchuca era a mãe dele. Então, se tchutchuca é uma virtude, ser chamado de filho de tchutchuca é bom. É o oposto de ser chamado de filho da puta.

— Mas o tom que o senhor falou foi de raiva. Ficou clara a intenção de ofender.

— E o deputado queria me afagar, não é? Ele falou aquilo para elogiar, é isso?

— Mas todo mundo tá falando mal dessa atitude dele. Pelo menos os bolsominions — brincou Artêmio.

— Bolsominion um caralho. Quero lá saber de opinião de diabo de bolsominion. Agora os arrombados do PT estão tirando meu couro. Até aquele cara que foi senador, como é o nome dele?

— O Lindbergh?

— É. Até ele fez um vídeo me zoando.

Abnadabe, titular de uma das secretarias do Ministério da Economia, terceiro homem à mesa, cansado daquelas polêmicas vazias, ouvia em silêncio a discussão.

— Vocês viram que o Vasco meteu dois a um no Santos pela Copa do Brasil? — falou afinal, na esperança de que os demais mudassem de assunto.

— Não vi o jogo, mas fiquei sabendo — disse Paulo Guedes, que buscava algum argumento matador para retomar e findar a discussão anterior de uma vez por todas, já que ficara incomodado com a divergência e, ainda que tenha proferido a última fala naquele contexto, se sentia derrotado no debate.

— Olha lá — disse Abnadabe. — Vocês, com esse papo chato do cacete sobre trabalho, nem se dão conta de que esse tipo de conversa espanta o mulherio.

— Abnadabe, às vezes você fala como se tivesse a disposição de um rapaz de 20 anos. Não vou mentir, mas eu ultimamente não ando nem tocando punheta mais, para economizar minha disposição para quando for comer minha esposa — confidenciou Artêmio.

O ministro, que era o mais velho dos três, não se pronunciou.

— Você tá mal, então, viu?! — disse Abnadabe. — Eu ainda tenho a mesma disposição de quando tinha 20 anos.

— Mentira do cacete — disse Artêmio, despertando riso unânime na mesa. — O Paulo aqui, que é mais velho... Quantos anos tu tem mesmo? Setenta e poucos, não é? Pois é, o Paulão, que já passou por isso, sabe que quando o cara vai chegando nos cinquenta as coisas começam a mudar.

— Ah, aí você fala por você — retrucou Abnadabe.

— Quando eu me separei da minha outra esposa, há uns anos, percebi que não conseguia sair pra pegar mulher toda semana — disse Artêmio.

— Tava brocha já? — perguntou Paulo Guedes.

— Não. Brocha, não. Mas não fazia bonito, sabe? Por isso que eu disse que estou economizando, ou melhor, regrando o uso da minha virilidade.

— Vai num médico, bicho. É sério. Na tua época era assim, Paulão?

— Você fala como se eu fosse um idoso. Daqui a uns anos vocês vão ter minha idade e vão ver como é.

— Paulo, ainda consegue dar uma de vez em quando?

— Claro, né?! Mas hoje não estou a fim, então vai dar essa bunda pra outro — brincou o ministro, despertando gargalhadas na mesa.

— Por falar nisso — disse Abnadabe —, olha lá naquela mesa. Não é a Faby, da Secretaria da Fazenda?

— Parece que é — disse o ministro —, mas tá meio escuro, não tenho certeza. Vou ao banheiro dar uma mijada e vejo se é ela mesmo.

— Ei, mas toma cuidado — advertiu Artêmio em tom de brincadeira. — Ela é meio petista.

— Tenho problema com isso, não. Minha piroca não tem ideologia — respondeu Paulo Guedes, enquanto se levantava.

A moça — cuja identidade foi confirmada pelo ministro ao ir ao banheiro, já que a mesa em que ela estava ficava no caminho — era uma loira de 30 e poucos anos, indicada para o cargo que ocupava por alguém que o ministro desconhecia.

Quando chegaram ao bar, ela já estava, acompanhada por três amigas, que gentilmente se levantaram para cumprimentar "Seu Paulo Guedes" — como ela o apresentou ao se aproximar.

— É ela, sim — informou o ministro ao voltar do banheiro.

— Dia desses tive um papo bom com ela. Acho que rolou um clima — revelou, convencido, Artêmio.

— Vamos chegar junto — sugeriu Abnadabe, que já começava a demonstrar sinais de embriaguez.

— Quando eu for ao banheiro, vou falar com ela e sugiro juntar as mesas. Vou colar nela e vocês colam nas amigas — sugeriu Artêmio.

— Vou pra casa daqui a pouco — disse o ministro, desiludido de conquistar alguma daquelas garotas, para as quais ele já era considerado coroa.

"Seu Paulo. Seu Paulo é o caralho", pensou com desgosto, questionando-se se, de fato, já era tão velho assim.

— Paulão desanimou porque eu disse que a menina é petista — gracejou Artêmio.

— Tem quatro lá e três aqui. Será que vai dar certo? — perguntou Abnadabe.

— A gente faz uma suruba — brincou Artêmio.

Foi aí que o ministro retomou a discussão anterior.

— Boa sorte aí pra vocês, mas lembrem-se de que vocês são pessoas públicas. Não vão fazer merda, pra depois virarem matéria nos jornais — disse, chamando o garçom. — Mas olha só, Artêmio, sobre aquele assunto lá, é inegável que eu tinha razão.

— Sobre o quê?

— Sobre esse negócio que rolou na Câmara.

— Lá vem vocês com essa conversa de novo — interveio Abnadabe com impaciência. — Com um papo desses, ninguém vai comer ninguém hoje.

— Não, não quero discutir. Só estou constatando uma obviedade para o amigo aqui — disse Paulo apontando para Artêmio.

— Se você for embora, ficam duas pra cada — calculou Abnadabe.

O garçom se aproximou e Paulo Guedes pediu emprestada a caneta, anotou algo num guardanapo e fotografou com o celular, deu algumas instruções ao homem e pediu a parcial da conta.

— O que foi? — perguntaram os outros dois, mas Guedes piscou o olho e ficou em silêncio.

Quando o garçom retornou com a conta, Artêmio ia se levantando para ir ao banheiro.

— Toma pelo menos a saideira — sugeriu ao ministro, que já estava digitando a senha de seu cartão na maquineta.

— Beleza, vai lá, que a gente toma a última. Mas lava as mãos depois de mijar.

— Vou chamar elas para virem pra cá — falou Artêmio, sorrindo feito um cafajeste.

— Boa sorte — desejou Guedes.

— Se o senhor for embora, as que sobrarem vão querer atrapalhar o esquema — disse Abnadabe.

— Estou com sono. Já sou um coroa — brincou o ministro.

Artêmio retornou do lavabo, com semblante sério, sem qualquer vestígio da confiança de há poucos minutos.

— E aí? Elas vêm? — perguntou Abnadabe desesperançoso.

— Vou ser sincero com vocês — falou Artêmio, enquanto o garçom trazia outra cerveja e a servia nos copos dos três. — Ela fingiu que nem me conhecia... ou melhor, fez questão de deixar claro que tinha me visto, mas nem falou comigo.

— Eu não disse que tinha razão? — declarou Guedes triunfante, emborcando goela adentro aquele que seria seu último copo de cerveja da noite. — Vou te mandar aí a foto do bilhete que mandei para a mesa delas.

— Você mandou o quê?

— Naquela hora que o garçom veio, sabe? Mandei um bilhete pra elas, mas tirei uma foto antes. Olha aí, te enviei pelo zap.

Artêmio, entre irritado e incrédulo, leu o teor do bilhete e exclamou:

— Porra!

— Viu como eu tinha razão?

Abnadabe, que não estava entendendo nada, tomou o telefone do outro e leu o bilhete:

Será que essas tchutchucas aceitariam dividir a mesa conosco?

Ass: Artêmio.

— Paulão, o que diabo tem a ver uma coisa com a outra? — perguntou Abnadabe indignado.

— Se esse termo não serve nem pra dar em cima de mulher em boteco, imagine pra se dirigir a um ministro numa comissão da Câmara dos deputados — explicou levantando-se e cumprimentando os outros dois antes de ir embora.

Desalentado, Artêmio segurou o copo cheio de cerveja e, antes de beber, reconheceu que Paulo Guedes, no fim das contas, tinha razão.

Um jantar indigesto

Quando Michele entrou no quarto, notou, imediatamente, o porta-retratos em cima do criado-mudo, do lado de lá da cama.

Ao notar o olhar da esposa, que franziu o cenho e olhou de soslaio a fotografia, Jair perguntou sorrindo:

— Gostou?

— Na verdade, meu amor, você não acha que fica meio estranho essa foto aí?

— Ganhei de um eleitor lá no Acre. A onda agora na internet é *Bolsotrump* — disse Jair, pegando o porta-retratos e olhando a imagem.

Era uma montagem, na qual ele aparecia ao lado do presidente norte-americano na Casa Branca.

Michele pegou o porta-retratos das mãos do esposo, olhou por alguns segundos e, resoluta, guardou na gaveta.

— Deixa aí onde eu coloquei, Michele. O que tem demais?

— Meu amor, não gostei.

— Por quê?

— É uma montagem grosseira.

— Ninguém percebe.

— Percebe, sim.

— Mas só quem vai ver somos nós dois.

— E a empregada.

— Sim, só eu, você e a empregada.

— Melhor guardar aqui — apontou para a gaveta. — Quando quiser olhar, você vai lá e pega.

— Mas aí não tem graça. Deixa exposta. Vai dar sorte.

— Não, Jair — finalizou Michele.

Jair, meses mais tarde, se lembraria desse dia, quando, de fato, já na condição de presidente da República, visitou a Casa Branca.

Na véspera da visita, em solo norte-americano, Jair ofereceu um jantar a Olavo, filósofo radicado nos Estados Unidos, a quem chamou de "inspirador".

O fato, que entre pessoas normais nada mais seria que uma singela homenagem de compadres, repercutiu na imprensa como assunto de interesse de Estado, sobretudo pelo fato de o homenageado ter proferido críticas contundentes ao vice-presidente.

"Como é que o presidente homenageia um cara que vive atacando o vice?", questionavam os analistas.

Como se não bastasse, antes de sair do Brasil, Jair deixou Carlos incumbido de despachar no Palácio e atender demandas da presidência.

As demandas jamais foram reveladas, embora Carlos tenha se esforçado para dar publicidade ao encargo provisório que recebera de seu pai. Seu português sofrível, no entanto, o impediu de ter êxito em divulgar para o público em geral o que, de fato, estava a fazer no Palácio durante a ausência do presidente.

"Em Brasília. **Dentre** muito o que conversar com amigos Deputados Federais e desenvolvendo **linhas de produção** solicitadas pelo Presidente Jair Bolsonaro", escreveu no Twitter.

Aquela, quiçá, foi a primeira, e até o momento a única, ocasião em que um vereador ficava encarregado de despachar demandas levadas à presidência, como se a cadeira do vice — a quem, na realidade, caberia tal função — estivesse vaga.

O fato é que tais atribuições, de certo modo, esvaziaram a razão de ser da vice-presidência, e o vice, mesmo considerando inadequada a indicação de um vereador — ainda que filho do presidente — para ocupar funções da chefia do executivo federal, preferiu silenciar sobre o ocorrido.

Enquanto esquentava o banco, aguardando o retorno do mandatário titular ao país, Mourão assistia embasbacado, pela TV, a homenagem prestada pelo presidente ao seu detrator, que há poucos dias o havia chamado de traidor, além de ter proferido impropérios impublicáveis.

Tentou enxergar alguma lógica que não fosse a afronta gratuita contra sua pessoa, mas não conseguiu.

*

— Se é certo que toda metafísica deve tomar por fundamento verdades incontestáveis, e se ninguém contesta que além daquelas verdades muito gerais que alguns dizem formais e outros metafísicas, como o princípio de identidade, só conhecemos como coisa certa e inelutável a necessidade da morte do nosso ser biológico e mais nenhuma outra... — declarou Olavo, enquanto a sobremesa era servida.

— Mas, como diz uma lenda tupi-guarani, em dado momento, Tupã criou os primeiros homens — observou Ernesto.

— Mas no que isso refuta a afirmação do professor? — questionou um subalterno do Ministério das Relações Exteriores, que era aluno de Olavo.

— A observação dele faz sentido — ponderou Olavo. — Porque, para que uma coisa desapareça, é necessário que antes ela surja.

— Você gosta muito dessas paradas tupi-guarani, não é Ernesto? Até falou em tupi no discurso de posse — perguntou Eduardo em tom amigável.

— Gosto. O Carlos até me pediu a recomendação de uns almanaques sobre esse tipo de assunto esses dias.

— Almanaque? — perguntou Eduardo.

— É. Almanaque sobre lendas tupi-guarani.

— Ele gosta muito dessas coisas indígenas também.

— *What the hell...* — cochichou com o tradutor um ex--assessor do presidente norte-americano, que havia sido banido da Casa Branca meses antes e que, por algum motivo, havia sido convidado para o jantar.

— É como aquela discussão, em que tentam colocar como contraditório você ser contra o aborto e defender a pena de morte — disse Jair. — Para que o bandido seja executado, ele tem que ter nascido lá atrás, no passado, não é, professor? — perguntou a Olavo.

— Correto, Jair.

— Isso também pode ser considerado um princípio matemático, não é, professor? — perguntou Eduardo, enquanto dava a primeira colherada no seu pudim.

— Em que sentido você diz? — indagou Olavo.

— Assim: se tudo, para terminar, tem que ter tido um começo, na matemática a gente só pode chegar no número mil, se o número um, um dia, lá atrás, começar.

A conversa era traduzida simultaneamente para Bannon, que desconfiava da competência do intérprete, por considerar o diálogo desprovido de sentido.

— O Eduardo tá ficando bom nesse negócio aí de filosofia, professor — declarou, orgulhoso, Jair.

Mourão jamais tomaria conhecimento do teor integral do diálogo acima descrito, mas, fato incontestável, consideraria assaz indigesto aquele jantar.

"Jair não considera deslealdade homenagear o homem que, ainda há pouco, me atacou publicamente?", indagou a um colega de caserna.

A lealdade que acreditava ser devida a si lhe foi cobrada, na ordem inversa, numa desproporção assombrosa.

Algumas semanas após o episódio, um deputado da base ajuizaria um pedido de *impeachment* contra ele, Mourão, amparado no fundamento — se assim pode ser chamado — de o vice-presidente ter curtido um Twitter no qual uma jornalista o elogiava, ao passo que, na mesma mensagem, criticava o presidente.

A curtida foi interpretada como deslealdade por parte do vice-presidente, gerando uma enxurrada de críticas, sendo as mais mordazes de autoria de gente muito próxima ao presidente.

Aquela foi a primeira vez na história da República brasileira que uma curtida no Twitter foi interpretada como crime de responsabilidade, capaz de suscitar pedido de impedimento do exercício do mandato por aquele que havia sido eleito para tanto.

A imprensa especulou que o pedido de *impeachment* havia sido articulado por Olavo, que teria incentivado o deputado autor da proposta a ajuizar o pleito.

Tal informação não chegou a ser confirmada.

O pedido — que não foi capaz de causar a menor preocupação a Mourão — nem sequer foi levado a sério pelo parlamento.

"Aquele jantar foi tão indigesto, que o pessoal tá até hoje defecando pela boca", comentou Mourão com um colega de farda.

O sentido literal

Jair despachava no gabinete da presidência, quando Otávio foi anunciado pela secretária.

— Presidente, o senhor viu o que seu filho postou no Twitter?

— Puta merda... No meu? — perguntou apreensivo.

— Não, não. No dele mesmo.

— O que foi? Senta aí, por favor.

Otávio sentou e leu para o presidente uma contundente crítica, de autoria de Carlos, à Secretaria de Comunicação.

— Certo. O que é que tem?

— Achei que o senhor ia querer saber, porque pode ser que a imprensa pergunte algo a respeito.

— Não é de hoje que o garoto posta essas coisas no Twitter. Não tem nada de novo aí que justifique ser noticiado.

Otávio pensou, mas achou melhor não rememorar, que publicações do filho do presidente já haviam desencadeado crises no governo, algumas das quais chegaram a derrubar ministros.

— Era só isso que você queria falar? — perguntou Jair, recolocando os óculos de grau e pegando a caneta BIC.

— Não, na verdade, o ponto nem era esse — desconversou Otávio, chamando atenção para um termo específico usado na mensagem. — Ele cometeu um erro aqui, ó.

— Que erro? A imprensa tá dizendo isso? Esse pessoal faz tempestade em copo d'água.

— Não, presidente. Ele disse que está literalmente se matando. Teve gente que ficou preocupada sem saber se foi, de fato, um erro ou se ele está... bem, o senhor sabe...

— Como assim?

— Esse negócio de dizer que está literalmente se matando, sabe? Vou ler para o senhor: "Vejo uma comunicação falha há meses da equipe do Presidente. Tenho *literalmente* me matado para tentar melhorar, mas como muitos, sou apenas mais um e não pleiteio e nem quero máquina na mão. É notório que perdemos oportunidades ímpares de reagir e mostrar seu bom trabalho."

— Ele falou no sentido figurado.

— Mas... aí que tá, presidente... ele disse que está "literalmente".

— O que é que tem?

— Literalmente, no sentido literal, sabe?

— Fala sem arrodeio, Otávio.

— Quando se diz "literalmente" é porque não se está usando figura de linguagem. É no sentido denotativo, sabe?

— Eu até fiquei preocupado naquele tempo da Baleia Azul, lembra? Aquele jogo da Baleia Azul, que incentivava as pessoas a cortarem os pulsos, sabe? Naquele tempo eu até mandei o Carlos ficar um pouco mais longe da internet. Mas ele não ia fazer uma coisa dessas, Otávio. Essa declaração aí deve estar fora do contexto.

— Bom, achei estranho ele falar que está literalmente se matando, mas tudo bem, presidente. Só achei que o senhor devia saber.

Jair ficou em silêncio, como se pensasse numa resposta.

— Mas ele não falou literalmente nesse sentido, não — disse afinal.

— Tá ok, presidente. Tá ok. Com licença.

Assim que Otávio saiu, Jair ligou para o filho:

— Carlos, que diabo foi isso que você postou?

— O que foi, pai?

— Esse negócio aí, dizendo que vai se matar.

— Como é, pai? Tá maluco?

— Esse negócio aí de que você tá literalmente se matando.

— Porra, pai. O senhor não vê que estou morrendo de trabalhar para ajudar esse seu governo?

— Mas Carlos, literalmente se diz quando uma coisa está acontecendo de verdade.

— Poxa, pai, esse tipo de erro acontece. Por causa de um erro besta desses, já virei alvo da imprensa de novo.

— Você sabe o que significa, não é? Esse negócio de dizer que está literalmente se matando, não sabe?

— Mas eu falei no sentido figurado.

— Deixa de ser burro, Carlos. Literalmente é no sentido literal. Quando se diz "literalmente" é porque não é figura de linguagem. É no sentido denotativo, sabe? Perdeu essa aula na escola?

Carlos ficou em silêncio, como se pensasse numa resposta.

— Depois não vai reclamar quando esse pessoal da imprensa ficar te perseguindo aí — falou Jair.

— Poxa, eu me irrito às vezes, pai, porque esse pessoal só fica falando mal de mim, botando defeito em tudo o que eu faço.

— E tu acha que eu não sei como é isso?

— É, eu sei como são essas coisas. Mas às vezes eu perco a paciência, porque essa gente vive literalmente metendo o pau em mim.

— Como?!

— Preciso ir agora, pai. Vou já encontrar o Leo pra dar uma volta. Era só isso mesmo?

— Não entendi o que você disse, Carlos.

— Vou sair, pai. Foi isso que eu disse. O Leo já está aqui, me olhando de cara feia por causa da demora.

— Me refiro ao que você falou antes disso.

— Eu estava mencionando essa situação, que tem gente literalmente metendo o pau em mim. Preciso ir, pai. Tchau.

— Alô? Alô?

Carlos já havia encerrado a ligação.

O epílogo de Bonoro

O sol do fim da tarde alaranjava o céu de Brasília.

Vendo-o através da vidraça do gabinete da vice-presidência, Mourão, que, em pé, olhava os simétricos prédios da capital brasileira, recordava o dia em que desembarcou com as tropas na cidade de Cuíto, em Angola.

Eram os últimos anos da década de 90 do século anterior, e a missão fora estabelecida pelas Nações Unidas com a pretensão de colaborar com a reconciliação do país, após anos de guerra civil.

Naquela época, aquele intervalo na guerra era tido como seu fim definitivo, e as tropas deveriam se empenhar para que os guerrilheiros entregassem suas armas e seguissem as diretrizes para serem reinseridos, como civis, na sociedade local.

Sobre a agora quase totalmente destruída cidade de Cuíto pairava um clima de vitória do MPLA, que assumira o governo do país e concordara, no início da década, em assinar o chamado Protocolo de Lusaka, por meio do qual ambos os exércitos em confronto — o do MPLA e o da Unita — comprometeram-se a se desmobilizar.

O período pacífico, se assim pode-se chamar, pois havia a sensação de conflito iminente, durou quatro anos.

Foi nesse intervalo que as tropas brasileiras desembarcaram em Angola.

Mourão recordava que, de acordo com a lei marcial outorgada em Cuíto, as duas organizações outrora em conflito designariam homens para ajudar na construção do acampamento das tropas estrangeiras, no qual, semanas mais tarde, deveriam entregar suas armas e apresentar os combatentes, como parte do procedimento determinado no Protocolo.

A recalcitrância dos nativos, no entanto, levou o general a perceber uma certa indisposição ao cumprimento do que fora acordado e, por conseguinte, à retomada da paz.

Tal indisposição só era perceptível para os mais sagazes, já que os sintomas não eram, ainda, muito explícitos.

— Essa guerra civil ainda vai ter novos episódios — comentou Mourão com um oficial mais jovem.

O MPLA, que ainda não era o vencedor definitivo do conflito, tinha hegemonia na região, alimentando, entre os populares, um ódio desmedido contra os inimigos da Unita, que durante a guerra civil haviam recebido apoio dos Estados Unidos.

O MPLA, que fora apoiado pela União Soviética, interpretava como uma invasão estrangeira aquela missão das Nações Unidas no país e, não obstante o armistício, continuava a recrutar jovens na região.

— Já não basta a cidade ter sido devastada? Se há uma possibilidade concreta de construir a paz, por que haveriam os nativos de querer mais conflitos? — perguntou o oficial.

— Quando a gente vê os escombros, fica até difícil imaginar que esta cidade já foi motivo de orgulho para os angolanos. Era chamada de "cidade das flores", sabia? A batalha travada aqui foi a mais longa da guerra civil e os lados em conflito, que surgiram como movimentos em defesa da independência da dominação portuguesa, não tiveram remorso em destruir a cidade — disse Mourão.

— Às vezes, até para homens forjados na caserna, como nós, é difícil entender o porquê de se travar um conflito cujo resultado vai ser um prejuízo incondicional, independentemente de quem vencer. Qual vai ser o espólio depois dos combates? Os escombros?

— Esse já é o aspecto político da questão. Quando o medo do inimigo é alimentado, ninguém se importa com o resultado dos embates.

— Por isso que o senhor acha que a guerra ainda não vai acabar agora?

— Sim. Porque as pessoas aqui ainda acham que falta exterminar o inimigo. Essa região é influenciada pelos comunistas e eles odeiam a Unita, que era apoiada pelos americanos. Eles chamam a Unita de "lacaios do imperialismo ianque". Acham que a interferência americana se deu por interesse, mas acreditam que o apoio soviético ao MPLA foi motivado por solidariedade proletária. Eles têm medo de voltar a ser colônia e acham que, se a Unita sair vencedora, entregará o país para os Estados Unidos. Por isso que eles ainda conseguem recrutar tanta gente.

— Como evitar que haja novos conflitos neste cenário?

— Aí não cabe a nós intervir. Mas se todo mundo aqui acreditasse que a guerra acabou, se não imaginasse que inimigo ainda pode atacar, a mobilização e o recrutamento de novos combatentes seriam mais difíceis. O problema é que ninguém pensa assim, porque ninguém acredita que o lado de lá também vai se desarmar. Daí a importância dessa missão. Nós somos os avalistas de ambos os lados, para assegurar que eles vão cumprir o acordo de paz.

Uma gritaria interrompeu a conversa. Fora da tenda, formava-se um tumulto.

*

Mourão saiu e avistou um grupo de umas dez pessoas arrodeando um rapaz franzino, que devia ter uns 20 e poucos anos de idade.

Do meio do tumulto, uma mão com um livro se ergueu.

— General, olha o que esse rapaz portava — disse um dos captores, com seu sotaque carregado de angolano do sul. — Prenda-o.

O pedido foi sucedido pelos outros, que repetiam "prenda-o, oficial", numa ênclise pouco usual aos ouvidos brasileiros.

— Silêncio — disse finalmente Mourão, no tom estridente que, anos mais tarde, seria conhecido pelos brasileiros ao verem seu juramento ao tomar posse como vice-presidente. — Não nos cabe aqui prender ninguém. Se esse rapaz cometeu algum crime, as autoridades locais vão tomar providências.

— Mas, oficial, esse material subversivo não é motivo para prisão? — perguntou o homem que havia entregado o livro.

Mourão folheou o livro, que tinha estampado na capa *Jamberesu: as cantigas de Angola*, mas que no miolo trazia, dissimuladamente, o *Caderno de Teses ao Congresso da União Nacional pela Independência Total de Angola*.

— Isso é propaganda da Unita — argumentou um dos populares.

— Pelo que consta, não foi proibida a circulação desse tipo de documento. Ninguém pode ser punido por propagar ideias, desde que essas ideias não incitem a prática de crimes.

— Mas o acordo não é para desmobilizar as tropas? Como vão desmobilizar se continuam recrutando?

O tumulto chamou atenção de outras pessoas que, ao virem se aglomerar próximo de onde a conversa se dava, foram orientadas, por uma guarnição que se aproximara, a se dispersar.

— Essas ideias são piores que armas.

Mourão determinou que todos se dispersassem.

Comentou discretamente com o oficial que o acompanhava que aquelas pessoas queriam que alguma sanção fosse imposta ao rapaz flagrado com o livro, somente por serem simpatizantes de uma organização que havia recebido apoio soviético no passado.

— O cara ainda fala em ideias perigosas.

As pessoas se foram vagarosamente e o dono do livro foi até o general para agradecer, silenciosamente, pela intervenção.

Estendeu a mão para apanhar o livro, mas Mourão disse "O livro fica" e fez um gesto mandando-o ir embora. O rapaz, resmungando algo inaudível, obedeceu.

O sol estava se pondo.

Mourão achou bonito o céu alaranjado sobre a cidade em ruínas.

*

— Eu sempre achei essa arquitetura do Niemeyer meio stalinista — comentou quando Jair, sem bater à porta, entrou e ficou em pé ao seu lado. — São construções imponentes, mas feias, opressivas, erguidas no meio do nada, com muito terreno ao redor, tudo muito planejadinho para fazer as pessoas se sentirem pequenas. É o concreto se impondo diante do homem.

— Faz tempo que deixei de me impressionar com a arquitetura daqui de Brasília — retrucou Jair. — Já são três décadas aqui.

— Até numa cidade destruída há mais sensação de liberdade. Mas missão é missão.

— General, vou recriar dois ministérios — anunciou Jair.

— Eu te falei lá atrás, presidente, que era pra gente pensar com calma essa reforma administrativa, porque, depois de extinguir, recriar ministério ia dar o que falar.

— Esses caras do centrão estão me acochando, Mourão. Se eu não ceder, a reforma da previdência não passa.

— A boa e velha política, Jairzão.

— Não sei se é boa, mas que é velha, é.

— Vai dar os ministérios pro centrão?

— Se o Temer tivesse aprovado a reforma, a gente não ia estar nessa situação agora.

— Pois é, mas...

— Mas o quê?

— Você foi contra a reforma.

— Eu era contra aquela reforma.

— Melhor aquela que nada, não? Governar agora, nessas condições, não está sendo fácil, você tá vendo aí.

— Pois é, e esse orçamento aprovado ano passado também não ajuda muito. Deixaram tudo engessado.

— Você podia ter proposto alternativas. Você era deputado.

— O Guedes que era pra ter ido lá ver isso. Eu tinha falado com ele.

— Agora isso é fato consumado. A situação poderia ser outra, mas não é.

O sol já quase se punha por completo, e o laranja no céu começava a se tornar azul-escuro.

As luzes dos postes se acenderam e as vias começavam a ser tomadas pelos automóveis.

O celular de Jair tocou e ele se despediu de Mourão com um gesto.

Parou na porta e falou alto:

— Como assim, deu merda?

Saiu caminhando rápido, pois havia acontecido algo terrível e, ao menos para ele, imprevisível até aquele momento.

Mourão, na mesma posição em que se encontrava desde o momento em que Jair chegou, falou para si mesmo a frase feita que diria ao presidente caso o telefone não tivesse interrompido a conversa:

— A situação poderia ser outra, mas não adianta chorar sobre o leite derramado. Para mau fodedor, até o pau atrapalha.

Este livro foi composto na tipografia
Minion Pro, em corpo 12,5/18, e impresso
em papel off-white no Sistema Cameron da
Divisão Gráfica da Distribuidora Record.